Mit Leib und Seele leben

Die heilende Kraft
von Riten und Gebräuchen

Mit Leib und Seele leben

Die heilende Kraft von Riten und Gebräuchen

Fotos von Hans-Günther Kaufmann,
mit Texten von Franz Xaver Kohl
und Odilo Lechner

PATTLOCH

Inhalt

Weihnachten 67

Fastenzeit 111

Herbst 205

Spätherbst – Ende des Kirchenjahres 217

Gottes Diätplan für Leib und Seele

Zur Begrüßung

Weshalb ein Heiler an etwas glauben muss – und seine Patienten auch

»Gott heilt. Der Arzt bekommt das Geld«, lautet ein altes Sprichwort aus Portugal. Und so ungern ich es zugebe: Da ist etwas dran. Denn gesund werden kann nur, wer daran glaubt. Und Glauben ist für die Heilung unverzichtbar, auch wenn man das vielleicht als Autosuggestion bezeichnen will. So gesehen muss jeder Heiler seinen Patienten vor allem den Glauben daran, dass sie geheilt werden können, vermitteln, stärken, oft auch zurückgeben.

Zweifel an sich, an der Welt, am Sinn des Daseins sind oft der Auslöser einer Krankheit. Und wenn sie sich dann zur Verzweiflung verdichten, dann sehen viele Menschen keinen Ausweg mehr. Doch der findet sich, wenn sie ihre Nöte und Ängste offenbaren.

Jeder, der heilen will, muss zuerst einmal zuhören können. Als Heilpraktiker höre ich seit Jahren, seit Jahrzehnten, in dichter werdenden Abständen immer wieder die gleichen

Seufzer: »Ich weiß nicht mehr, was das Ganze soll. Das Leben rauscht an mir vorbei«, seufzt eine attraktive Journalistin von vierzig Jahren, die alles zu haben scheint, oder auch ein Anwalt, den andere um seinen Erfolg beneiden.

»Ich will nur eins, innerlich zur Ruhe kommen«, stöhnt der Manager genauso wie die Frau, die bei einer Bank Karriere macht und nebenher noch zwei Kinder großzieht.

»So kann das nicht weitergehen. Ich hetze von Termin zu Termin. Ich muss eine Struktur in mein Leben bringen, die Sinn macht«, erklären erschöpft die junge Motivationstrainerin und der EDV-Spezialist, der Powerpoint-Seminare gibt, gleichermaßen wie ein dritter, der als Handelsvertreter reist.

»Ich mache meistens die Nacht durch und bin dann tagsüber völlig unkonzentriert. Dabei würde ich so gern im Einklang mit der Natur und ihren natürlichen Rhythmen leben«, klagen oft Intellektuelle, die an der Universität oder in einem Forschungsunternehmen arbeiten.

»Ich weiß nicht, wo mir der Kopf steht«, heißt es oft. Oder: »Manchmal frage ich mich, was das alles soll.« Gefühle von Rastlosigkeit und Sinnlosigkeit sind die zentralen Probleme meiner Patienten, die sich in vielerlei körperlichen Beschwerden äußern. Bei fast allen kann man feststellen: Sie kennen keinen Ruhe- und keinen Feiertag mehr, keine Riten und Gebräuche. Weihnachten feiern sie zwar noch, und die meisten beschenken sich sogar gegenseitig. Aber gelassener oder besinnlicher macht sie diese Zeit nicht. Viele vollziehen nur einen hohlen Ritus nach, tun das, was äußerlich dazugehört, ohne einen inneren Bezug dazu zu haben. Sie finden, das Fest ist irgendwie schön altmodisch, aber die weihnachtlichen

Sitten und Bräuche der Eltern hat man weitgehend aus dem Leben verbannt. Und ihren Kindern können sie den Sinn des Weihnachtsfestes auch nicht nahebringen. Umfragen zufolge weiß nur jedes dritte Kind zwischen sechs und zwölf Jahren, worum es bei Weihnachten eigentlich geht.

Doch irgendwo tief im Innern spüren viele Menschen, dass es so etwas wie eine Ordnung der Zeit gibt. Sie ahnen, dass man, wenn sie diese Ordnung und ihre Regeln beachten, alles das, was uns atemlos, rastlos, unzufrieden und schließlich krank macht, vermeiden könnte. Das Wissen um die Weisheit der Riten ist zwar verschüttet, aber in Resten noch vorhanden: »Ich gehe jetzt für zwei Wochen in ein Kloster«, erklärt mir dann eine Patientin. Ein anderer Patient eröffnet mir, er mache jetzt ein einjähriges Sabbatical – freilich ohne daran zu denken, dass er, der mit Religion, wie er sagt, »nichts am Hut hat«, einen verlängerten Sabbat feiern will. Denn vom Sabbat, dem jüdischen Ruhetag nach alttestamentarischer Sitte hat das *Sabbatical* seinen Namen. Man versteht darunter einen verlängerten Urlaub oder eine Auszeit für ein ganzes Jahr.

Ich schlage oft völlig erschöpften Patienten vor, einmal in der Woche – am Sonntag oder, wenn sie da arbeiten müssen, an einem anderen Ruhetag – das Bett so gut wie gar nicht zu verlassen. Sie sollen im Bett frühstücken, lesen, dösen, Musik hören, mit ihrem Partner reden – sie sollen nur nicht fernsehen. »Da habe ich einen Tag lang keinen Finger gerührt. Aber gespürt, wie ich zu mir gekommen bin«, berichtet hinterher der eine oder andere Patient begeistert. Neu ist die Idee nicht. Sie kennen vielleicht das dritte der Zehn Gebote noch? »Gedenke, dass du den Sabbat heiligst!« Du sollst am siebten Tag der Woche ruhen in Erinnerung an die Vollendung der Schöpfung. Diese Schöpfung einmal ganz zu belassen, wie sie ist, sich nicht einzumischen ins göttliche Weltgeschehen, dieses Gebot befolgt jeder gläubige Jude am siebten Tag der Woche, wenn er den Schabbes oder Sabbat »heiligt«.

Der Sabbat ist der Ruhetag der Woche, ein Tag der Muße. In einem traditionellen jüdischen Haushalt bleibt am Sabbat die Küche kalt. Gekocht wird am Vortag des Sabbats. Und das Nichtstun an diesem Tag macht keineswegs träge, sondern ruhig und aufmerksam. Wer ruht, kann spüren, dass die Zeit sehr viel langsamer zu vergehen scheint, als wenn man sich zu Aktivitäten gedrängt fühlt. Die Gedanken dürfen kommen, wie sie kommen – was nichts anderes ist als Meditation.

Alles hat seine Zeit, das steht schon im biblischen Buch Kohelet. Zeit ist das Thema unseres Lebens. Das Zeitmaß beschäftigt uns täglich, vielleicht diktiert es sogar unser Leben. Und jeder Kult, sei es ein heidnischer oder ein christlicher, ein jüdischer oder muslimischer rhythmisiert die Zeit, in dem er sie durch wiederkehrende Feiern, Feste und Riten strukturiert, an die wiederum Regeln und Gebräuche gebunden sind.

Der sinnvolle Umgang mit Zeit ist auch Grundvoraussetzung für die Gesundheit. Denn Stress ist auch die Folge von einem fehlerhaften Umgang mit der Zeit. Festtage und die Vorbereitung auf sie machen uns die Zeit bewusst und nötigen uns zum Innehalten. Die damit verbundenen Gebräuche verbinden uns auf ganz selbstverständliche Weise mit der Natur. Und genau daran liegt mir als einem Naturheilkundler viel. Denn die Erfahrung hat mir gezeigt, dass jeder Mensch nur dann einem für die Seele wie den Körper gesunden Verhalten treu bleibt, wenn es für ihn ganz selbstverständlich wird und sinnvoll erscheint.

Weil ich gerade von der Erfahrung rede: Die ganze Heilkunst lebt von einem großen Maß an Erfahrungswissen. »Dass alle Erkenntnis mit der Erfahrung anfange«, hat Immanuel Kant gesagt, »daran ist gar kein Zweifel.« Und in der Struktur des Kirchenjahres, in seinem Rhythmus und seinen Gesetzmäßigkeiten, zu denen Zeiten des Fastens wie des Feierns gehören, in seinem Bezug auf die Natur, auf das Wachsen und Vergehen, werden die Erfahrungen von Jahrtausenden transportiert. Die christliche Kultur hat viele heidnische und jüdische Bräuche übernommen, weil sie wusste, dass die Menschen sie brauchen, um gesund zu bleiben. Auch das zeugt von Erfahrung und Klugheit: Den Priestern der Frühzeit war klar, dass sie den Menschen nur dann eine neue Religion vermitteln konnten, wenn sie mit den alten lebenserhaltenden Gewohnheiten vereinbar war. Das erklärt die Humanität und Weisheit der Riten, ihre Dauer und ihre Unzerstörbarkeit.

Ich habe Patienten, die sich bestimmt nicht als religiös bezeichnen würden, die keiner Kirche angehören. Trotzdem berichten sie mir, dass sie zwischen Aschermittwoch und Ostern irgendeine Art von Kur einlegen, dass sie dann kein Fleisch essen, nicht rauchen, keinen Alkohol zu sich nehmen, nur von Säften leben oder den Kaffee durch Kräutertee ersetzen: »Meine Großmutter hat immer gesagt: ›Jetzt ist Fastenzeit. Jetzt gibt es bis Ostern keinen Braten mehr und keine Wurst.‹ Irgendwie steckt das in mir drin. Außerdem habe ich das Gefühl, dass der Verzicht mir guttut. Und die paar Wochen halte ich das leicht durch.« Und dieses vage Gefühl, »das tut mir gut«, lässt sich aus naturheilkundlicher, medizinischer Sicht voll und ganz bestätigen. Wie man nicht nur an der Fastenzeit erkennen kann, so ist das gesamte Kirchenjahr gleichsam ein Jahresplan für ein gesundes Dasein. Ein Angebot an uns, das wir wiederentdecken sollten, das wir bewusst leben und zelebrieren müssen. F. X. K.

Wellness und Fitness

Warum muss auch dem Seelsorger die Gesundheit des Menschen am Herzen liegen? Weil er auf die Sehnsucht des Menschen antworten soll. Zwei Worte haben in den letzten Jahrzehnten immer größere Attraktivität gewonnen: Wellness und Fitness. Was suchen die Menschen auf einer Wellnessfarm, in einem Fitnessstudio?

Wellness bedeutet: sich wohl fühlen, spüren, dass es mir gutgeht. Was sich hier äußert, ist im Grunde das Streben der Menschen nach Glück. Es ist das, was etwa Jesus meint, wenn er Menschen selig preist, wenn er zu ihnen sagt: Wohl euch.

Fitness meint: stark werden, tüchtig werden, tauglich werden. Das steckt auch in dem Wort Tugend, die Fähigkeit, gut zu sein. Das lateinische *virtus* bedeutet Kraft und zugleich Tugend. Durch Übung wird das, was zunächst schwierig scheint, leicht: körperliche Bewegung, die Handhabung des Instruments, der rechte Umgang mit anderen.

Beides gehört zusammen. Hartes Training, Arbeit, Leistung, Tüchtigkeit können mich mit Stolz erfüllen, den Ehrgeiz befriedigen, aber vielleicht doch mich nicht glücklich machen. Es fehlt das, was ich nicht erwerben kann, sondern mir schenken lassen muss. Wohlgefühl, von angenehmen Düften, Klängen, Strahlen umgeben, in einer wohltuenden Atmosphäre sein, das befriedigt mich nicht auf Dauer, wenn mein eigenes Tun, Entscheiden, Jasagen fehlt.

Was die Tradition göttliche Tugenden nennt, also Glaube, Hoffnung und Liebe, vereint beides: Es ist eigenes Tun und zugleich und zuerst göttliches Geschenk.

Wellness, Fitness, Gesundheit, Glück und Tugend sind dann sinnvoll und erfüllend, wenn sie den ganzen Menschen, Leib und Seele, Jugend und Alter, den Einzelnen und die Gemeinschaft meinen. Es gibt kein Wohlgefühl, keine Glückseligkeit, keine Gesundheit nur für den Körper, nur für den Einzelnen, ohne dass sein Umfeld, ohne dass seine Vergangenheit, ohne dass seine Zukunft, ohne dass seine Beziehungen, ohne dass die Welt geheilt sind. So schauen wir aus nach einer allgemeinen Gesundung, nach einem umfassenden Heil.

Für den Christen ist dieses Heil in Jesus Christus gegenwärtig. In ihm ist die Fülle, das Geheimnis des Ursprungs und Ziels von allem, ist Gott gegenwärtig. Von ihm ging heilende Kraft aus, so dass man die Kranken auf die Straßen hinaustrug und ihn bat: »er möge sie wenigstens den Saum seines Gewandes berühren lassen. Und alle, die ihn berührten, wurden geheilt« (Mk 6,56). Ihm ging es immer um den ganzen Menschen. Er spürte mitleidend den Hunger, die Krankheit, die Abhängigkeit, die Verderbtheit der Menschen und wandte sich ihnen zu, ließ sie seine heilende Nähe sinnlich erfahren. Und dieser Heiland bleibt unter uns, denn: »Wo zwei oder drei in meinem Namen versammelt sind, da bin ich mitten unter ihnen« (Mt 18,20).

Der Christ glaubt an das Segenswort des Schöpfers, an all die guten Kräfte, die in der Natur verborgen sind, an alles, was der Mensch an Heilendem in der Welt finden kann. Der Christ glaubt an die Kraft des in der Geschichte wirkenden Wortes Gottes, das von innen her den Menschen heilen kann. Darum ist es gut, wenn wir alles das, was uns Medizin- und

Naturheilkunde, Wissenschaft vom Menschen und seiner Seele lehren, und die Heilsbotschaft des Glaubens zusammen sehen, wie es in diesem Buch versucht wird. O. L.

Die Woche

Warum es gegen Stressbeschwerden hilft, jedem Tag seine Bedeutung zu geben

Meine Patienten ahnen gar nicht, wie viel ich von ihnen lerne. Immer wenn sie mir aus ihrem Alltag, von ihren Schwierigkeiten, Sorgen und Wünschen erzählen, betrete ich andere Welten. Das kann die Welt eines Single-Haushalts sein oder die einer heute üblichen Zweierbeziehung ohne Kinder. Oder die einer dynamischen Partnerschaft, wo jeder mit Feuereifer seine Karriere verfolgt, aber wenig Zeit bleibt für gemeinsame Unternehmungen – meist nicht einmal für gemeinsame Mahlzeiten. Oder auch die Welt einer Familie, in der, wie es heutzutage immer häufiger anzutreffen ist, jeder neben dem anderen herlebt und das einzige Gemeinschaft schaffende Element nicht etwa der Esstisch, sondern der Fernseher ist.

Überall begegne ich dem Problem des Stresses in unterschiedlichsten Varianten, und viele Menschen kämpfen mit Gewichtsproblemen. Sie wissen im Allgemeinen, dass ihnen vor allem eines immer wieder misslingt: nämlich ihren Alltag und ihr Leben mit Sinn zu erfüllen. Stattdessen warten sie darauf, dass der Arbeitstag schnell vorübergeht und der Fernsehabend beginnt. Sie lauern am Ende des Fernsehabends auf das nächste Wochenende, und wenn das vorbei ist, sehnen sie sich nach dem kommenden Urlaub und im Urlaub nach der Rente. Sie wünschen dauernd, die Zeit ginge noch schneller vorbei und spüren, wie diese Hetze ihr Dasein fiebrig und leer macht. Kaum einer von ihnen verfiele auf die Idee, dass ausgerechnet das Kirchenjahr mit seinen Gebräuchen eine Hilfe gegen diese Sinnleere der Zeit sein könnte.

Auch viele meiner älteren Patienten, die darüber klagen, dass ihre Tage in einem öden, quälenden Gleichmaß an ihnen vorüberziehen, kommen nicht auf diesen Gedanken. So wenig wie sie darauf kämen, dass Gemeinsamkeit die Basis von Gesundheit, sogar von Gesundung ist.

Manche halten mich für altmodisch, und wahrscheinlich bin ich es auch. Bei der Vorstellung, jeden Tag allein essen zu müssen, werde ich fast depressiv. Auch wenn es zwischendrin durchaus genüsslich sein kann, ohne einen Gesprächspartner dazusitzen und wie aus der Loge die anderen zu beobachten: Für mich war es von Kindesbeinen an normal, im großen Kreis am Tisch zu sitzen. Zuerst zu Hause, dann im Internat, später in der eigenen Familie. Und wenn auch nicht aufwendig gekocht wurde, haben die täglichen Genüsse jedem Tag der Woche seinen eigenen Charakter gegeben.

Ich wusste damals noch nicht, dass wir Christen die Idee der in sieben Tage gegliederten Woche von den Juden übernommen und den einzelnen Tagen – nur zeitlich etwas verschoben – eine bestimmte Bedeutung gegeben haben: Fasten die Juden am Montag und am Donnerstag, so legten die Christen ihre Fasttage auf den Mittwoch, an dem Christus verraten, und auf den Freitag, an dem er gekreuzigt wurde. Der Tag des Herrn wurde ebenfalls um einen Tag verlagert, vom Samstag, dem jüdischen Sabbat, auf den Sonntag, den Tag der Auferstehung. Im Prinzip aber geht es um ein und dasselbe. Erstens darum, die Zeit zu strukturieren und so dem Gefühl des Verlorenseins in der zeitlichen Unendlichkeit entgegenzuwirken, zweitens darum, einen gesunden Wechsel von Bewegung und Ruhe, Aktivität und Passivität, Tätigkeit und Kontemplation, Üppigkeit und Verzicht vorzugeben. Heute lesen viele Menschen in Büchern über Biorhythmus oder die sogenannte biologische Uhr nach, wann welche Pausen vonnöten sind. Doch interessanterweise stimmen die biorhythmischen Intervalle mit vielem überein, was die christlichen – und auch die jüdischen oder muslimischen – Rituale vorgeben.

Vom Fasten am Mittwoch war bei uns zu Hause wenig zu merken. Freitags aber gab es wie in jeder katholischen Familie weder Fleisch noch Wurst oder Schinken, sondern Fisch, Gemüse und Salat. Dass die moderne Ernährungskunde zwei Fischmahlzeiten pro Woche empfiehlt, lässt nicht nur an den unter den Teppich gekehrten zweiten Fasttag denken, es lässt auch wieder einmal erkennen, dass in jedem Ritus Erfahrungswissen steckt. Denn jeder Heilpraktiker, jeder Arzt, jeder Ernährungswissenschaftler empfiehlt genau das, was einmal kirchliches Gebot war.

Denn Fisch ist ein sehr wertvolles und gesundes Nahrungsmittel. Er ist wegen des geringeren Bindgewebegehalts sehr viel leichter verdaulich als das Muskelfleisch warmblütiger Tiere. Das Fischeiweiß ist zudem biologisch besonders wertvoll und die Öle der fettreicheren Kaltwasserfische, wie zum Beispiel das Lachsöl, sind wahre Medikamente. Sie enthalten nämlich Omega 3-Fettsäure, die Gehirn- und Sehleistung nachweisbar verbessern und vor Arteriosklerose sowie Herz-Kreislauf-Erkrankungen schützen. Außerdem sorgt Fisch für ausreichend Jod im Körper. Selbstverständlich können Sie auch bei Ihrem Junk- und Fastfood bleiben und mit Lachsölkapseln und Jodtabletten für Ausgleich sorgen, aber Nahrungsergänzungsmittel können nie eine ausgewogene Ernährung ersetzen. Das ist, um beim Thema zu bleiben, wie eine Ersatzreligion: Der Organismus stellt fest, dass hier das Wesentliche fehlt. Und er kommt nicht zur Ruhe.

Viele meiner Patienten, die sich in Supermarktsdrogerien mit allen möglichen Kapseln eindecken, um ihr schlechtes Gewissen wegen der schlechten Essensgewohnheiten zu beruhigen, gestehen mir gestresst: »Irgendwie fühle ich mich krank, wenn ich morgens zum Frühstück bereits Pillen schlucke. Obwohl ich doch weiß, dass die gesund sind.« Ungesund ist diese doppelte Buchführung einmal aus seelischen Gründen – man fühlt sich dabei irgendwie verlogen, unaufrichtig, als machte man Pfusch. Sie ist auch aus nüchtern ernährungswissenschaftlicher Sicht nicht von Vorteil. Studien haben einwandfrei ergeben, dass sämtliche Vitamine und Spurenelemente, aber auch blutfettsenkende Substanzen wie ungesättigte Fettsäuren oder antisklerotische Fischöle ihre volle Wirkung nur dann entfalten können, wenn sie eingebunden sind in ihren eigentlichen, naturgegebenen Zusammenhang. Isoliert bringen sie deutlich weniger, weil die Natur sich offenbar ideale Wirkstoffkombinationen erdacht hat. Außerdem, und das ist für mich das Wesentliche, geht bei dieser Kapselschluckerei etwas verloren, was für das Gesundsein und das innere Gleichgewicht elementare Bedeutung besitzt: die Andacht. Das hört sich etwas pathetisch an, ist aber durchaus praktisch anwendbar. Stressfresser kennen die Andacht, von der ich hier rede, zum Beispiel nicht. Und was ich damit meine,

lasse ich einen erklären, der mehr vom Essen versteht als ich: Eckart Witzigmann.

In einem Artikel über ihn, der zu Recht zu einem Koch des Jahrhunderts ernannt worden ist, habe ich einmal gelesen, welche Kriterien zählen, wenn er einen jungen Kollegen schätzt. Und das Zitat gefiel mir so gut, dass ich es mir ausgeschnitten habe. »Wenn einer einen Fisch anpackt und gleich anfängt, ihn zu schuppen oder ihm die Haut abzuziehen, dann hat er's nicht. Aber wenn einer die Zeichnung von dem Fisch anschaut, die Farbe und die ganze Schönheit, dann hat er einen Respekt vor dem Produkt und eine Demut. Und das ist das Wichtigste.« Diese Demut aber ist aus den Köpfen der meisten Menschen ebenso verschwunden wie die Rezepte ihrer Mütter und Großmütter.

In allen Religionen der Welt, im Hinduismus wie im Buddhismus, im Islam, im Judentum wie im Christentum ist es üblich, Gott vor dem Essen zu danken. Früher gehörte das Tischgebet auch bei uns zum Alltag in jeder Familie, heute ist es so gut wie ausgestorben, weil es von vielen als peinlich empfunden wird. Der Sinn des Tischgebets ist aber keineswegs, anderen seine Frömmigkeit vorzuführen, sondern innezuhalten, um sich dessen, was nun kommen soll, bewusst zu werden. Und das heißt, Essen nicht als Konsumieren zu verstehen, sondern eben als einen rituellen Akt, so einfach der auch sein mag. Das hindert einen daran, alles gedankenlos hinunterzuschlingen und hinunterzuschütten. Und es verlangt ein Mindestmaß an Feierlichkeit oder nennen wir es einfach nur Schönheit. Keiner betet schließlich vor dem Kühlschrank, bevor er einen Fruchtjoghurt aufreißt, keiner betet, bevor er sich im Stehen einverleibt, was er in der Mikrowelle aufgewärmt hat.

Ich habe einer Patientin, die bulimisch war und sich weigerte, psychologischen Beistand zu suchen, geraten zu beten, bevor sie den Inhalt ihrer Supermarkt-Tüte in sich hineinstopft, um ihn dann wieder zu erbrechen.

»Das ist doch zynisch«, sagte sie. »Probieren Sie es trotzdem«, habe ich gesagt.

Als sie wieder zu mir kam, erklärte sie: »Jetzt kommt es mir zynisch vor, was ich monatelang gemacht habe. Und ich habe mich endlich gefragt: Warum tue ich das?« Den Grund dafür herauszufinden, hat ihr eine Psychotherapeutin geholfen. »Aber dazu, dass ich mich aufgerafft habe, zur Psychotherapeutin zu gehen«, hat sie gesagt, »hat mir das Beten verholfen. Ich kam endlich einmal zur Besinnung.«

Vernünftig und gesund essen beginnt damit, bewusst zu essen. Und dabei helfen jene sinnhaften Angewohnheiten, die kleinen und großen Zeremonien, die uns die Kirche geschenkt hat. Das kann etwas so Simples wie das Sonntagessen sein. Wenn ich als Kind sonntags vom Ministrieren aus der Kirche zurückkam, wehte mir der Geruch von Schnitzel und Kartoffelsalat oder von einem Schweinsbraten schon in der Tür entgegen. Und mich überschwemmte ein Glücksgefühl. Das Mittagessen am Sonntag war ein Fest für mich, zumal es unter der Woche kein Fleisch gab. Wochentags gab es höchstens das, was vom Sonntagsbraten übriggeblieben war. Und immer hat der Geruch für mich zum Genuss gehört, ohne dass ich darüber nachgedacht hätte. Ist doch der Duft die Vorankündigung des Kommenden. Warnend oder verheißungsvoll kann er uns in die Nase steigen, er kann uns angstvoll, vorsichtig oder friedlich stimmen.

Gerade die Priester haben das von jeher gewusst. Denn in Zeiten pestilenzialisch stinkender Gassen, die vor 150 Jahren noch allgegenwärtig waren, besaßen die Wohlgerüche eine viel größere Bedeutung als heute. Halfen sie doch den Unflat und den groben, oft armseligen Alltag zu vergessen. Und auch wenn Weihrauch und Myrrhe vor allem als Symbol für die opferbereite Andacht zum Himmel aufsteigen sollen, hatten sie doch auch die Funktion, ähnlich wie die Kirchenmusik, die Menschen einer bedrängenden Wirklichkeit zu entrücken. Die Küchendüfte haben eine viel banalere, aber doch vergleichbare Wirkung. Nur in welchem Haushalt duftet es heute noch nach etwas anderem als nach Haushaltsreiniger?

Als ich vor ein paar Jahren in einer Studie las, dass nur in einem Drittel der deutschen Haushalte täglich gekocht wird und selbst dort das Kochen größtenteils nur noch aus dem Anwärmen vorgefertigter Gerichte besteht, konnte ich das kaum glauben. Doch was ich von den Patienten höre, bestätigt diese Studie voll und ganz. »Ich finde keine Zeit zum Einkaufen«, heißt es. »Zum Kochen habe ich abends einfach keine Kraft mehr.« Oder: »Kochen? Das habe ich nie gelernt.« Gegessen wird heute selten an einem gedeckten Tisch oder gar im Esszimmer, meistens nur in der Küche, oft sogar im Stehen vor dem Kühlschrank oder in einem Sessel vor einem niedrigen Tisch, das Mobiltelefon griffbereit neben dem Teller. Der durchschnittliche Deutsche bringt täglich nur noch insgesamt 40 Minuten mit Essen zu, den Verzehr von Snacks inbegriffen.

Und noch etwas habe ich von meinen Patienten gelernt. Diejenigen, die beim Essen an der Zeit sparen, sparen auch an der Qualität. Das ist hierzulande die große Mehrheit. In den 50er Jahren gaben deutsche Haushalte stolze 50 Prozent ihres verfügbaren Einkommens für Essen aus, heute sind es gerade noch 12 Prozent. Gespart wird allerdings an einem nicht: am Fleischkonsum. Mit dem Sonntagsbraten einmal in der Woche ist es längst nicht mehr getan: 50 bis 60 Kilo Fleisch pro Jahr und Magen verzehrt der Deutsche, egal welchen Alters. Und nachdem Schweinefleisch mittlerweile weniger kostet als Hundefutter, ist auch ein geringes Einkommen kein Hinderungsgrund.

Die Mahlzeiten, wie sie üblich geworden sind, verdienen diese Bezeichnung längst nicht mehr, denn mit Zeit haben sie nichts mehr zu tun. Und mit dem, was Mahl – ursprünglich *Mal* geschrieben – meinte, auch nicht: Dieses Wort bezeichnete nämlich den richtigen Zeitpunkt. Wann sie Nahrung zu sich nehmen, ist für die meisten willkürlich geworden, weil das mit einem Ritual nichts mehr gemeinsam hat. Und diese falschen Essensgewohnheiten machen nervös, gestresst, dick und krank. So wenig Zeit sich der Esser selbst gönnt, so wenig wird sie auch dem vergönnt, was er konsumiert: die Lebensdauer von Hühnern lässt sich in Wochen angeben. Schweine, Rinder, Lämmer – alles wird so rasch wie möglich hochgemästet. Das, was man in der DDR »Broiler« nannte, ein großes, in Freilandhaltung langsam und gesund aufgewachsenes schweres Brathuhn, gibt es hierzulande nur noch auf ein paar wenigen Bauernmärkten als teures Bio-Geflügel oder auf Märkten wie dem Münchner Viktualienmarkt, wo die Feinschmecker einkaufen. Wem von seiner Schnellmast-Ente an Weihnachten nur Fett übrigbleibt und ein trockener Vogel in Taubenformat, der ärgert sich kurz, denkt aber selten um.

Als reine Zeitverschwendung wird es auch betrachtet, die Termine von Freunden oder Familienmitgliedern so zu koordinieren, dass sie zusammen um den Tisch sitzen können. Der Statistik nach schaffen es 70 Prozent der deutschen Familien nur noch ein einziges Mal in der Woche, sich zu einem gemeinsamen Essen zusammenzusetzen, nur noch 5 Prozent essen gemeinsam zu Mittag.

Was all das mit Gesundheit zu tun hat? Und mit dem Kirchenjahr? Das Kirchenjahr gibt Rhythmen nach demselben Leitsatz vor, der auch für die Naturheilkunde gilt: Wie im Großen, so im Kleinen.

Das analoge Denken hat in der katholischen Kirche eine alte Tradition. Und auch das Kirchenjahr ist analog zur Woche aufgebaut: ein Zyklus, der sich in immer derselben Ordnung wiederholt. Und der Kult, die Festtage, die Feierlichkeiten und Riten sind nicht etwa nur Erinnerung an das, was einmal war. Sie vergegenwärtigen die Ereignisse, das heißt, sie holen sie mit der Wieder-Holung in die Gegenwart.

Dass jeder Tag eine Kurzfassung der Geschichte ist, die Gott mit denen verbindet, die an ihn glauben, war bereits im biblischen Israel jedem deutlich: Der Abend entsprach im damaligen Denken dem Auszug des Volkes aus Ägypten, wo es gedemütigt und unterdrückt worden war, der Morgen entsprach dem Schluss des alten Bundes am Berg Sinai, wie er im Alten Testament beschrieben wird. Analog dazu wurde dann der Tag für die Katholiken zu einer Kurzfassung des

Kirchenjahrs: Der Abend vergegenwärtigte von jeher für sie den Kreuzestod Christi, die Stiftung des neuen Bundes mit seinem Blut, der Morgen die Auferstehung Jesu. Jede Nacht wurde dadurch zu einem Übergang vom Tod in ein neues Leben.

Und dieses Bewusstwerden von Abläufen ist der Gesundheit, der seelischen wie der körperlichen, zuträglich. All diejenigen meiner Patienten, die mit Übergewicht kämpfen oder mit stressbedingten gastro-intestinalen Beschwerden von Magendrücken, Verdauungsstörungen oder einer ernsthaften Gastritis, essen nicht bewusst und lassen sich keine Zeit. Am allerwenigsten diejenigen, die tagtäglich um die Mittagszeit routinemäßig ihren Gruß »Mahlzeit« absondern. Der klingt üblicherweise wie ein Befehl mit Ausrufezeichen: »Essenfassen!«, nicht weil jetzt die angemessene Zeit wäre, sondern weil es die vorgeschriebene ist.

Vom gemeinsamem Mittag- und Abendessen bis zum gemeinsamen Sonntagessen verbietet das Rituelle, wenn es nicht nur ein mechanisch imitiertes Muster ist, vor allem eines: jede Form von Verächtlichkeit und Verlogenheit. Die zeigt sich heute in sehr vielen sogenannten Lebensmitteln, für deren Zubereitung es nur eine Mikrowelle, eine Schere oder einen Dosenöffner braucht. Verachtet werden nämlich das Produkt, die Natur, das Leben und seine Würde. Die Vokabel »Ersatzstoffe« sagt da schon sehr viel.

Das große »Anstatt« bestimmt den ungesunden Alltag. Und es existiert dort bereits seit Jahren auch ein breites Angebot an Ersatz-Gemütlichkeiten: Zunehmend lassen die Deutschen sich von Fernsehköchen vorkochen, also Gemütlichkeit vorspielen, anstatt es selbst zu tun. Die meisten nehmen das, was ihnen auf dem Bildschirm vorgeführt wird, nicht als Anregung, sondern als Ersatz. Es ist sicher kein Zufall, dass der Großteil solcher Sendungen zu einer Uhrzeit läuft, zu der jemand, der ein Abendessen vorbereitet, in der Küche stehen müsste. Sie spüren, wenn sie da einen Vincent Klink oder einen Alfons Schubeck rühren, kneten, hacken, schnipseln und verkosten sehen, dass diese Arbeit den Koch erfüllt, dass er gelöst wirkt, dass er in seiner Hände Arbeit aufgeht und ihm diese Konzentration ganz offensichtlich guttut. Doch sie schrecken davor zurück, es ihnen gleichzutun. Warum? Weil sich in den meisten Köpfen die Vorstellung festgesetzt hat, letztendlich sei das Kochen in Zeiten des Convenience-Food und der Fertiggerichte reine Zeitverschwendung. Und Zeitverschwendung gilt geradezu als Sünde in einer Welt, die jede Art der Effizienz anbetet.

Jenes Glück der Konzentration, des Versinkens im Augenblick, jene Freude, die ein Koch oder eine Köchin ausstrahlen, kann aber nur erleben, wer jede Minute genießt, die ihn diese Arbeit kostet. Die Vorbereitungen, vom Zwiebelschneiden bis zum Kartoffelschälen, vom Speckhacken bis zum Karottenschaben, sind Teil des kulinarischen Erlebnisses, und zwar ein unverzichtbarer Teil. Und eine ausgezeichnete Anti-Stress-Therapie.

Was, fragen Sie nun vermutlich, hat das bitte mit der Struktur der christlichen Woche zu tun oder auch mit der christlichen Deutung des Tagesablaufs? Sehr viel. Wenn Sie wissen, dass ein Gespräch, das Sie führen, über Ihre berufliche Zukunft entscheidet, werden Sie ihm sicher mehr Aufmerksamkeit schenken, als wenn es sich nur um »Small Talk« handelt. Denn Ihnen ist dann bewusst, welche Bedeutung jedes einzelne Ihrer Worte hat, dass es schaden oder nützen kann.

Genauso verhält es sich, wenn Sie nun den Tag und die Woche symbolisch betrachten. Dann bekommen die Mahlzeiten ebenfalls eine andere, tiefere Bedeutung. Die Nahrungsaufnahme wird zu einem sinnhaften Ereignis. Das lässt Sie vielleicht über das nachdenken, was Sie zu sich nehmen werden. Und Sie werden sich vielleicht innerlich auf die Gemeinschaft einstellen, in der Sie die Mahlzeit zu sich nehmen werden.

Wenn es nur um ein Mittagessen in der Kantine, im Stehlokal um die Ecke oder um ein Geschäftsessen geht, ist das mit der Symbolik natürlich schwierig. Aber reden wir von den selbstbestimmten Mahlzeiten. Reden wir von dem Abendessen zu Hause, dem Essen am Samstag oder Sonntag, wo Sie selber entscheiden können, was es gibt. Es sind die Mahlzeiten, zu denen die Menschen mit Ihnen am Tisch sitzen, die Ihnen wichtig sind. Ob das Ihre Familie oder Ihre Freunde sind, jetzt liegt es an Ihnen, die Mahlzeit zu einem Ereignis zu machen, und nicht nur zu einem lebensnotwendigen Vorgang, den man zügig hinter sich bringt.

Vor ein, zwei Jahren habe ich im *Herald Tribune* gelesen, dass ein englischer Anthropologe nach jahrzehntelangen Forschungen in unterschiedlichsten Kulturen auf der ganzen Welt zu dem Ergebnis gelangt sei, das wichtigste glückhafte Erlebnis aller Menschen, unabhängig von Alter, Geld, Nationalität, Herkunft, Stand oder Bildung, sei das gemeinsame

Essen. Ich hätte zu dieser Einsicht weder einen Anthropologen noch jahrzehntelange Forschungen gebraucht. Das gemeinsame Essen ist nun einmal seit Menschengedenken das zentrale lebenserhaltende und sinnstiftende Ereignis des Tages. Und dieses Ereignis strahlt Wärme aus, auch wenn es kalt ist, klimatisch wie soziologisch. Jedes gemeinsame Essen hat eine Bedeutung, die weit über das Materielle hinausgeht. Ist ein Mahl und ein Mal, ist Zeit und Zeichen.

»Aber was bringt mir das?«, fragen viele meiner jungdynamischen Patienten, die an den Folgen ihrer Nervosität leiden, aber auch an dem Gefühl, den Anforderungen des Alltags nicht zu genügen. Die gepeinigt sind von einer tiefen, wenn auch sorgsam versteckten Unsicherheit, was den Umgang mit anderen Menschen angeht. Oft kam der Aufstieg zu schnell, zu unerwartet. Und das kann krank machen, bei aller Lust am Erfolg.

Das gemeinsame Essen ist eine Grundausbildung in all dem, was soziale Kompetenz ausmacht: etwas geben und bekommen, Verzicht üben, teilen und verteilen. Es vermittelt Manieren, Disziplin und Lebenskultur im eigentlichen Sinn.

Und eine Familie, die mit sinnlicher Lust ihre Tischkultur pflegt, bildet meistens auch eine gutgelaunte Tafelrunde und keine keifende, zerstrittene oder verbissen schweigende Zwangsgemeinschaft. Aus den genannten Überlegungen rate ich Ihnen wie meinen Patienten zu Folgendem:

☆ Kehren Sie zu den früher üblichen drei Mahlzeiten am Tag zurück und essen Sie zwischendrin nichts, denn neuesten Forschungen zufolge braucht der Organismus, speziell der

Darm, diese Pausen zur Regeneration. Ein Darm, der immer zu schaffen hat, wird überfordert und krank.

- Auch wenn Sie nicht beten wollen vor der Mahlzeit: Halten Sie, bevor Sie das Besteck zur Hand nehmen, kurz inne. Freuen Sie sich an dem Anblick und dem Duft dessen, was Sie nun verzehren werden. Sagen Sie sich selbst kurz: »Wie gut geht es mir, dass ich an diesem Tisch sitzen darf und nicht hungern muss.«
- Fangen Sie nicht willkürlich an, schieben Sie nicht als Erster einen Bissen in den Mund, sondern schauen Sie Ihren Tischgenossen in die Augen, stoßen Sie an mit ihnen, ob mit Wasser, Tee, Schorle, Bier oder Wein, und beginnen Sie gemeinsam zu essen.
- Führen Sie das Sonntagessen wieder ein, und zwar zu Hause. Denn das hat atmosphärisch eine ganz andere Qualität als jedes Essen im Lokal oder Café, weil es Wärme ausstrahlt. Es muss ja nicht immer der obligate Sonntagsbraten sein. Tischen Sie einen Brunch auf, zu dem Sie auch Freunde bitten. Gönnen Sie sich an diesem Tag etwas Besonderes, sei es eine Lammkeule, ein Schinken oder ein Maishähnchen mit Rosmarin, und richten Sie alles sorgfältig und schön an. Nicht der Preis dessen zählt, was Sie servieren. Allein die liebevolle Präsentation macht die Festlichkeit aus.
- Verwerten Sie am Montag und Dienstag ganz bewusst die Reste Ihres Sonntagmahls. Ob Sie aus den Knochen eine Brühe kochen und mit Pfannekuchenstreifen (*Flädle*) oder Nockerl genießen, ob Sie kleine Reste vom Geflügel zu Küchlein verarbeiten oder das, was vom Schinken übrigblieb, über einen Salat streuen.

- Legen Sie am Mittwoch den ersten Fasttag ein. Das kann heißen: Essen Sie bewusst kein Fleisch, sondern schwerpunktmäßig vegetarisch, vielleicht angereichert durch etwas Fisch. Das darf auch ein Stückchen geräucherte Forelle mit frisch geriebenem Kren zum großen Salatteller sein.
- Bereiten Sie am Freitagabend ganz bewusst einen Fisch, möglichst einen Meeresfisch zu. Kaufen Sie sich keine fertige Fischpfanne und keinesfalls einen Tiefkühlfisch. Es gibt viele sehr einfache Fischrezepte. Wenn Sie so gar keine Ambitionen zum Hobbykoch in sich fühlen, braten Sie sich ein Thunfisch- oder Lachssteak in der Pfanne heraus, aber nur ganz kurz: Es soll innen noch fast roh sein. Oder packen Sie einen ganzen Fisch mit Kräutern in die gebutterte oder mit Olivenöl bestrichene Folie und garen ihn im Backofen. Da kann fast nichts schiefgehen. Jeder Fischhändler kann Ihnen die Garzeit angeben. Und wenn Sie sich solch einen ganzen Fisch gönnen, denken Sie an Eckart Witzigmann: Betrachten Sie vorher die Schönheit der Haut, der Körperform, der Musterung. Ein ebenso köstliches, wie einfaches Fischessen: Ab Ende Mai, Anfang Juni sind die frischen, ganz jungen Matjes im Angebot. Diese zarten Filets (nicht die eingeschweißten), mit nichts als Pellkartoffeln und vielleicht etwas Crème fraîche oder Sauerrahm serviert, sind eine Delikatesse.
- Führen Sie Klassiker ein, Ihre persönlichen Festtagsgerichte, die Sie wirklich gut und gelassen zubereiten können. Erfahrene Köche sagen, es genüge, wenn eine Hausfrau oder ein Hausmann sieben Gerichte perfekt beherrsche. Ob das eine Kartoffelsuppe ist oder ein Schweinsbraten,

ein Gemüseeintopf oder eine asiatische Gemüsepfanne. Die Freude an Ritualen ist auch die Freude an der Wiederkehr des Vertrauten, dieses Gefühl des Heimkommens. Die großen Stars der Gourmet-Szene wissen das. Auch Hans Haas, der Chef des legendären *Tantris* in München, einst Deutschland erstes Restaurant, über dem das Maximum von drei Michelinsternen erstrahlte, sagt: »Meine Gäste wollen natürlich Abwechslung. Aber viele kommen von weit her angereist nur wegen der Rindsbackerl. Die müssen einfach auf der Karte bleiben.«

☆ Lernen Sie aus der Weisheit alter Kirchentraditionen: Der Wohlgeruch und der Wohlklang gehören dazu, wenn es gilt, Menschen ihren alltäglichen Sorgen zu entrücken. Atmen Sie, wenn Sie Ihren Sonntag feiern, ganz bewusst die angenehmen Küchendüfte ein, reden Sie darüber. Und wählen Sie mit Bedacht eine Tafelmusik aus, während der man sich unterhalten kann.

☆ Lassen Sie sich Zeit. Rituale und Zeremonien, auch wenn es nur um das Sonntagessen geht, verbieten jeden Termindruck.

☆ Machen Sie sich morgens, nach dem Aufwachen, bewusst, was dieser Tag bedeutet. Dass er nicht nur darin besteht, auf das freie Wochenende zu warten und alles vorher irgendwie zu überstehen. Und die Woche wird nicht mehr wie üblich an Ihnen vorbeirauschen. F. X. K.

Advent

Warten und Erwarten

Der Anfang des neuen Kirchenjahres beginnt mit dem Ende, jeweils mit dem Evangelium vom Ende der Zeiten. In der Liturgie des Kirchenjahres ist Anfang und Ende ineinander verschlungen. Die Liturgie feiert ja den Ewigen, dem der Lobpreis der Engel im Himmel und aller irdischen Zeiten gilt. Die Liturgie stellt uns das Wirken dieses Gottes in der Geschichte, vor allem den Weg Jesu, des fl1eischgewordenen ewigen Wortes, durch die Zeit vor Augen. Mit dem Blick auf die Vollendung in Christus endet das Kirchenjahr und beginnt das neue. Wir, die im Nacheinander der Zeit leben und wirken, dürfen doch auch immer das Ganze, Anfang und Ende, im Blick haben.

Darum sind wir immer Wartende, Erwartende, ausgerichtet auf das, was auf uns zukommt. Darum sind wir adventliche Menschen. Natürlich ist Advent zunächst Vorbereitung auf das Weihnachtsfest, auf die Geburt Christi. Darum nimmt er uns hinein in die Erwartung des Volkes Israel, dem eine große Zukunftsverheißung gilt. Darum dürfen wir im Ersten Testament all das entdecken, was andeutungsweise und umrisshaft und mit innerer Dynamik auf die Zukunft verweist, auf den

Kommenden, auf den von Gott Gesalbten. Und im Glauben daran, dass dieser Christus der Retter aller Völker ist, dürfen wir die Sehnsucht aller Kulturen der Erde ahnend deuten und aufnehmen. Wir dürfen diese Sehnsucht nach Paulus »im Seufzen der gesamten Schöpfung« erspüren (Röm 8,19-22). Und da wir wissen, dass diese Welt immer noch im Seufzen ist, weil das, was Gott zu unserem Heil gewirkt hat und was verborgen gegenwärtig ist, sich doch in seiner Fülle erst noch zeigen soll, sind wir weiter Menschen der Sehnsucht.

Diese Sehnsucht im Gebet und Lied und in vielen Zeichen auszudrücken, ist Aufgabe des Advents. Wir entzünden Kerze um Kerze in diesen vier Wochen, weil es lichter und heller werden soll in unserer Welt. Wir wollen unser Leben öffnen für das Kommen des Herrn. In einer Gesellschaft, in der sich die Neuigkeiten immer rascher abwechseln, in der alles immer schon griffbereit sein soll, müssen wir neu das Warten lernen, das Erwarten dessen, was wir nicht im Griff haben, was uns geschenkt wird. Aber weil wir Erwartende sind, Wartende auf die wahre Erfüllung, sind wir jung, wie alt wir auch sein mögen. »Du bist so jung wie deine Zuversicht«, sagte Albrecht Schweitzer.

O. L.

St. Katharina am 25. November

Wie Stille Heilkraft entfalten kann

Wahrscheinlich können Sie das Gerede von der Geräuschberieselung nicht mehr hören. Ich kann es auch nicht. Denn wir wissen es ja längst: Wir können ihr nicht entfliehen. In Supermärkten, Kaufhäusern, Baumärkten, Lifts oder Hotellobbys und auch in den meisten Restaurants sind wir ihr ausgesetzt. Und was in der sogenannten Bergidylle wie zum Beispiel auf der Zugspitze aus riesigen Lautsprechern auf die Menschen niedergeht, kann kaum mehr als Rieseln bezeichnet werden. Das sind sintflutartige Güsse. Aber sind wir einmal ehrlich: Setzen wir uns nicht auch selber, aus freien Stücken, viel zu oft einer akustischen Ablenkung aus? Beim Joggen, ob im Freien oder am Laufband, beim Training im Fitnessstudio, bei der Fahrt mit der Bahn oder dem Bus – nicht ohne meinen i-Pod. Auch im Auto wird sofort das Radio angestellt oder eine CD reingeschoben, sogar während der Arbeit ist es für manche selbstverständlich, dass da nebenher etwas läuft, während des Essens ohnehin. Ob die Geräuschkulisse vom Fernseher oder von der Hi-Fi-Anlage erzeugt wird oder vom PC ist gleichgültig: Wir hören ja ohnehin nicht richtig hin.

»Ich stelle als Erstes den Fernseher an, wenn ich heimkomme«, sagen mir viele Patienten, »weil ich mich sonst einsam fühle in meiner Wohnung.« Dass CDs, auf denen einfach nur die Geräusche eines lebendigen Haushalts aufgenommen wurden, zu einem Verkaufserfolg bei Singles geworden sind, gibt zu denken. Sie spielen sich Töpfe- und Tellerklappern vor, während die Mikrowelle geräuschlos das Fertiggericht in der Alufolie erhitzt.

Doch letztlich können solche Geräusche weder gegen Einsamkeit noch gegen Langeweile helfen und gegen Stress schon gar nicht. Im Gegenteil: Stressbedingte Probleme wie Esssucht, Gastritis, Verspannungen samt Spannungskopfschmerzen nehmen zu, nicht ab, denn die Dauerberieselung verhindert ein Zu-sich-Kommen und wirkt in keiner Weise entspannend. Sie bewirkt überhaupt nichts mehr, weil durch die ständige Beschallung jeder Mensch völlig abstumpft gegen Musik. Dagegen hilft eine simple Übung, wie sie im Kirchenjahr früher üblich war.

»Kathrein sperrt Pfeifen und Geigen ein«, hieß es am 25. November, dem Tag der heiligen Katharina. Es wurde gehalten wie am Faschingsdienstag: An diesem Tag der heiligen Katharina darf man noch feiern, lärmen, tanzen. Danach war Schluss. Denn der Advent galt als Fastenzeit, und deshalb war das Tanzen währenddessen bis Anfang des 20. Jahrhunderts verboten.

Versuchen Sie, diesen Brauch wieder aufzugreifen, wenn auch nur in modifizierter Form. Dann können Sie erleben, wie Ihre Konzentrationsfähigkeit wunderbar zunimmt, und das gerade in einer Zeit, wo es hektisch zugeht und die meisten fahrig sind.

- ☆ Hören Sie von Kathrein an keinerlei Musik aus der Konserve.
- ☆ Gehen Sie stattdessen in ein Konzert, sei es ein Kirchenkonzert oder ein Konzert mit klassischer Musik, Folklore

oder Jazz. Vermeiden Sie aber Veranstaltungen, wo mit Verstärkern gearbeitet wird. Gönnen Sie sich den Luxus, nur *unplugged music* zu hören, Musik, die keine Steckdose braucht.

- ☆ Besuchen Sie in diesen Wochen keine Disco.
- ☆ Sehen Sie bis Weihnachten nicht fern (klingt grausamer, als es ist).
- ☆ Wenn Sie Hausmusik machen, dann praktizieren Sie das jetzt.
- ☆ Hatten Sie nicht immer schon Lust, ein Instrument zu lernen oder das, was Sie einmal gelernt haben, wieder aufzufrischen? Jetzt ist der richtige Zeitpunkt. Denn in der Stille ringsum lernen Sie wieder hören.
- ☆ Sollten Sie Kinder haben, üben Sie mit denen ganz altmodisch die Lieder ein, die Sie selber als Kind gesungen haben.
- ☆ Hören Sie während des Sports, während der Arbeit und während des Essens keine Musik. Damit Sie für den Originalton wieder sensibel werden und spüren, wie kostbar das Musikerlebnis früher für die Menschen war. F. X. K.

Aufbruch

Im Vorwort zu seiner Regel schreibt Benedikt: »Stehen wir also endlich einmal auf.« Er fügt das Schriftwort (Röm 13,11) hinzu: »Die Stunde ist da, vom Schlaf aufzustehen.« Paulus spricht davon, dass die Nacht vorangeschritten und der Tag nahe gekommen ist. Es besteht also die Gefahr, dass wir das Kommen Gottes verschlafen, dass wir uns nicht aufschrecken lassen aus unserer Routine. Vielleicht ist dies auch eine Anfrage an uns in den Wochen vor Weihnachten. Da feiern wir ja das Kommen Gottes in unsere Welt.

Aber auch damals brauchte es die Hörbereitschaft und die Wachsamkeit, Aufbruch und Aufstehen von Menschen. Es brauchte die Bereitschaft Marias, den Gruß des Engels zu vernehmen und Gottes Geist in sich wirken zu lassen. Es brauchte ihren Aufbruch zu Elisabeth, um ihren Glauben an die unendlichen Möglichkeiten Gottes bestätigt zu finden. Es brauchte ihren Aufbruch nach Bethlehem, damit Jesus in der Davidsstadt geboren werden konnte. Es brauchte nach dem Matthäusevangelium die Bereitschaft Josephs, die Traumerscheinung des Engels ernst zu nehmen und vom Schlafe aufzustehen. Und immer wieder musste er aufbrechen, weil er die nächtliche Weisung vernommen hatte: »Steh auf, nimm den Knaben und seine Mutter und flieh nach Ägypten«, und ähnlich beim Ruf zurück nach Judäa und dann nach Nazareth.

Vor Weihnachten sind wir freilich kaum in Gefahr, viel zu schlafen und allzu bequem zu sein, weil es noch so viel zu erledigen und zu besorgen gibt. Aber gerade auch unsere Geschäftigkeit kann uns daran hindern, wirklich dafür wach zu sein, dass sein Kommen in uns Wirklichkeit wird. Es ist der Aufbruch des Herzens, der hier gefordert ist. Aufbruch ist hier wörtlich zu nehmen: Das Aufbrechen der harten Schale, die unser Inneres einschließt, der Schale des Lärms, der vielen Reize und Beeinflussungen, der vielen Interessen, der vielen selbstsüchtigen Wünsche. Es ist ein Aufstehen aus dem Daniederliegen ohne Hoffnung, niedergedrückt durch Angst und Resignation. Es ist ein Aufstand gegen alle Diktatur der vielen Mächte, die uns ganz in Beschlag nehmen wollen. Es ist das Aufstehen zu der Fülle des Lebens, zu dem uns Jesus, der in unsere Enge und Gebrochenheit und Todverfallenheit eingetreten ist, durch Kreuz und Auferstehung führt. Solcher Aufbruch ist oft – wie bei der Flucht nach Ägypten – nicht selber geplante, sondern bittere Notwendigkeit und doch, innerlich bejaht, Weg zum Heil. O. L.

Adventszeit

Wie Erwartung und Tannengrün gegen Stress und Erkältungen wirken

Der erste Adventssonntag ist einer meiner liebsten Tage im Jahr. Denn obwohl es ständig dunkler wird und die Tage kürzer werden, fühle ich mich optimistisch und beschwingt.

»Warum hängen Sie nicht durch?«, fragen mich Patienten, die in dieser Zeit regelmäßig in Depressionen versinken. »Weil ich voller Erwartung bin«, sage ich dann etwas hilflos. Und berufe mich dann auf Lessing, der gesagt hat, ein Vergnügen zu erwarten sei bereits ein Vergnügen.

Seit meiner Kindheit steht das Weihnachtsfest vor mir wie ein Ziel. Wenn irgendwer davon geredet hat, er sähe Licht am Ende des Tunnels, habe ich immer an die Adventszeit gedacht. Und an das Lichterfest am Heiligen Abend, an einen gleißenden Christbaum, eine festlich erleuchtete Kirche bei der Christmette. Nicht mit Weihnachten, nicht mit dem Neujahrstag beginnt das Kirchenjahr, es beginnt vielmehr mit dem Advent. Advent ist also ein Ereignis, das sich mit Anstieg, Hoffnung, Vorfreude verbindet.

Aber weil das Jahr kurz nach Weihnachten endet, also auch ein Geschäftsjahr abgewickelt werden muss im Dezember, hat sich bei uns die Adventszeit mehr und mehr zu einer Phase entwickelt, bei der wir uns nicht öffnen, sondern uns mit all dem beschäftigen, was zu Ende gebracht werden muss. Und das ist, unabhängig von der Art und dem Profit des Abschlusses, alles andere als geistig inspirierend. Die üblichen Aktivitäten des Jahresendes sind dem eigentlichen Adventsgedanken genau entgegengesetzt. Die Adventszeit ist für die meisten nicht mit der Idee der Ankunft – *adveniat regnum tuum* bedeutet ja: »Dein Reich komme« –, sondern mit Abschied und Beenden verbunden. Wir fühlen uns nicht feierlich gestimmt, sondern gestresst, erschöpft und ausgelaugt.

Doch es ist verblüffend, dass es wieder Traditionen gibt, die dagegen helfen: Die alten Adventsbräuche stecken voller praktischer Hinweise. Zugegeben, der Adventskranz ist eine junge Erfindung. Den ersten soll Johann Hinrich Wichern, der Gründer des Rauhen Hauses in Hamburg, im 19. Jahrhundert eingeführt und noch mit vierundzwanzig Kerzen bestückt haben. Mit vieren wurde er erst nach dem Ersten Weltkrieg populär.

Die Tradition des Adventskalenders ist nicht älter: Den ersten mit aufklappbaren Fensterchen druckte der Verleger Gerhard Lang im Jahr 1908. Doch schon um 1630 herum wurden in religiösen Familien nacheinander vierundzwanzig Bilder an die Wand gehängt. Ähnliche Vorformen gab es bereits im 15. Jahrhundert. Und der Brauch, in diesen Wochen das Warten, die Hoffnung zu kultivieren und die Erwartung zu illustrieren, ist noch sehr viel länger nachweisbar. Da gab es Weihnachtsuhren und sogar Weihnachtsleitern mit je einer Sprosse für jeden Tag.

Gemeinsam ist all diesen Bräuchen der Grundgedanke: Der Advent soll uns Zuversicht auf das Kommende geben. Wie ließe sich das in einer Zeit, in der das Licht immer weniger wird, besser versinnbildlichen als durch das allmähliche Wachsen, das Ansteigen, das Mehr-Werden. Ob es wie früher die Anzahl der aufgehängten Bilder ist, später die der geöffneten Fensterchen des Adventskalenders oder die Zahl der angezündeten Kerzen auf dem Kranz: Hoffnung zu haben bedeutet, sich der Zukunft zu öffnen, auf etwas freudig zuzuleben. Und diese positive Einstellung, die der Advent fordert und fördert, stärkt, wie die moderne Psychoneuroimmunologie nachweisen konnte, die Abwehrkräfte. »Wir brauchen vielerlei Hoffnungen«, hat Jean Paul in seiner *Friedenspredigt aus Deutschland* gesagt, »schon das Glück kann ohne diese nicht genossen werden, geschweige denn das Unglück ertragen oder geheilt.«

Die Traditionen des Advents tragen ihren Teil dazu bei, die Hoffnungsfreude zu steigern, uns neue Energie zu geben und uns zugleich gelassener zu machen. Dabei spielen die traditionellen Adventsfarben Grün und Rot eine wichtige Rolle.

Professor Max Lüscher, Psychiater, Philosoph, Erfinder des Lüscher-Tests und der wohl berühmteste moderne Farbpsychologe, stellte bereits vor über fünfzig Jahren fest, dass Kranke andere Farben bevorzugen als Gesunde. Während üblicherweise Rot, dicht gefolgt von Blau die Lieblingsfarben sind und Grün mit deutlichem Abstand erst auf Rang drei liegt, steigt es beim kranken Menschen zur Lieblingsfarbe Nr. 1 auf, während Rot auf Rang 5 zurückfällt. Es ist, als spürten wir selber, dass Grün uns guttut.

»Grün ist die Hoffnung«, sagt der Volksmund. Und: »Rot ist die Liebe.« Dem geben die Farbtherapeuten durchaus recht. Der indische Arzt Dr. med Dinshah P. Ghadiali hat schon

in den 1950er und 1960er Jahren als Erster eine umfassende Farben-Heilkunde entwickelt. Spektro-Chrom-Farbtherapie nannte er seine Methode. Er wies den einzelnen Farben spezielle Indikationen zu und hat deren Wirksamkeit experimentell belegt. Eine Bestrahlung mit rotem Licht regt nach seinen Forschungen die Bildung roter Blutkörperchen an und vitalisiert die Sinne, eine mit grünem Licht trägt dazu bei, Bakterien abzutöten, und ist der Knochenbildung zuträglich.

Die Farblicht-Therapie basiert auf der Tatsache, dass Farbe Licht einer bestimmten Wellenlänge ist. Russische Wissenschaftler haben nun in jüngsten Forschungen nachgewiesen, was erfahrene Farblicht-Therapeuten schon lange behaupten: dass der Körper über die Haut Farbschwingungen aufnehmen kann und deren Informationen an das Gehirn weiterleitet.

Dass zu den besonders empfänglichen Hautstellen die Akupunktur-Punkte gehören, macht sich die Farblicht-Akupunktur nach Peter Mandel zunutze, wo mit der jeweils eingesetzten Farbe Blockaden gelöst werden und so das Chi, die durch Störungen angestaute Energie, wieder in Fluss kommt. Die Farblicht-Akupunktur, die vor allem beim Abbau von stressbedingten Beschwerden erfolgreich ist, verbindet die Methoden der Traditionellen Chinesischen Medizin (TCM) mit den neuen Erkenntnissen der Biophotonen-Forschung. Behandelt wird mit farbigen Glasstäben.

Ob der Patient sich nun von einer professionellen Farbsonne, die es im Fachhandel gibt, bestrahlen oder mit Farbakupunktur behandeln lässt: Die Wirkungsweise, die den unterschiedlichen Farben zugesprochen wird, bleibt dieselbe. Rotes Licht stärkt die Vitalität und die Lebenskraft, hilft gegen Erschöpfungssymptome und Erkältungskrankheiten. Grünes Licht wirkt erfrischend, anregend, aber nie aufregend und hilft bei Schlafstörungen, Rückenschmerzen und Verspannungen. Prof. Dr. Dr. Harald Brost vom *Institut für Farbe, Licht und Raum* sagt: »Im Rot verwirklichen wir unsere Aktionen, Grün ist Erwartung.« Farbige Glühbirnen einzuschrauben bringt freilich keinen Effekt.

Lassen Sie sich also von jenem vorweihnachtlichen Duo Grün und Rot dazu anregen, einmal die Heilkraft der Farben mit Hilfe eines erfahrenen Therapeuten zu erproben. Schließlich hat die Kombination dieser Farben nicht zufällig eine uralte symbolische Bedeutung. Grün ist die Farbe des Lebens auch aus wissenschaftlicher Sicht, weil sie in direkter Verbindung mit dem Wachstumsprozess steht. Die Photosynthese benötigt unabdingbar Chlorophyll, den grünen Blattfarbstoff.

Mit roten Kerzen und Bändern wird der traditionelle Adventskranz dekoriert, aber schon lange vor dessen Erfindung wurde das Tannengrün im Advent rot geschmückt. Und auf der Urpolarität von Blutrot und Blattgrün scheint das ganze Leben aufgebaut zu sein. Die Anthroposophen sprechen vom roten und grünen Lebenssaft der Welt und von einer inneren und einer äußeren Atmung: Der inneren, also der des Körpers, entspricht das Rot, der äußeren, also jener der Erde, das Grün.

Eines der erfolgreichsten pflanzlichen Entzündungshemmer ist das sogenannte Wintergrün (*Gaultheria procumbens*), dessen Blätter Methylsalicylat enthalten. Eine Salbe aus Wintergrün hilft in dieser Zeit ausgezeichnet gegen rheumatische

Beschwerden. Doch auch die Tanne, die für uns unverzichtbar zur Adventszeit gehört, hat – wie fast jedes Nadelholz bis hin zur Zypresse, der dafür allseits bekannten Latsche und der Zirbelkiefer – eine heilkräftige Wirkung, weil die Nadeln ätherische Öle enthalten. Und das macht sie tauglich für die Aromatherapie, eine der ältesten Behandlungsmethoden der Menschheit. In fast allen Kulturen des Altertums, bei den Griechen wie den Ägyptern, bei den Hebräern wie den Sumerern, bei den Assyrern wie den Chinesen oder bei den Römern war die Heilwirkung duftender Pflanzensubstanzen bekannt. Sie wurden für aromatisierte Bäder, Massagen, Einreibungen, Inhalationen oder Kompressen verwendet.

Die ätherischen Öle von Tanne und anderen Nadelhölzern (*Abies balsamea*), auch von Schwarzfichte (*Picea mariana*), Zeder (*Cedrus atlantica* oder *Cedrus libani*) oder Zirbelkiefer (*Pinus cembra*) wirken beruhigend und zugleich anregend, wärmend und besänftigend, helfen gegen Angstzustände und Asthma, lösen Schleim und stärken das Atmungssystem.

Außerdem besitzen sie alle eine starke antiseptische Wirkung. Das bedeutet, sie helfen bei Erkältungskrankheiten, Sinusitis, Bronchitis und Grippe. In einem Bad verwendet fördern sie die muskuläre Entspannung und die Durchblutung – was gibt es in der Adventszeit Angenehmeres?

Doch darüber hinaus verbessern die kostbaren Öle in den grünen Nadeln, ob sie eingeatmet, eingenommen, eingerieben oder im Bad aufgenommen werden, auch die Stimmung. Wer sich angesichts der zunehmend billigen und lauten Vermarktung des Adventsgedankens entwurzelt fühlt, spürt, wie bei der Aromatherapie mit eben jenen Stoffen das Gefühl der inneren Souveränität und Würde wieder zurückkehrt. Was Sie im Advent tun können:

- Dekorieren Sie Ihre Wohnung ganz bewusst mit Tannengrün, es können auch gemischte Nadelholzarten in einer großen Vase sein – rein ästhetisch sind die verschiedenen Grüns bereits eine Wonne.
- Verwenden Sie ätherische Öle von Nadelhölzern in einer Duftlampe, auch Aromalampe genannt. Dazu werden einige Tropfen des Öls, das Sie im Fachhandel erwerben können, in die mit Wasser gefüllte poröse Schale der Duftlampe gegeben, dann wird das Teelicht darunter entzündet. Die Flamme erwärmt die Flüssigkeit, die langsam verdunstet und so ihren Duft im Raum verbreitet.
- Stellen Sie selber ein Massageöl her, indem Sie ätherisches Nadelholzöl mit einem wenig bis gar nicht duftenden Trägeröl vermischen. In der Regel gibt man 10 bis 15 Tropfen ätherisches Öl in 100 ml Trägeröl. Füllen Sie die Mixtur in eine dunkle Flasche. Besonders geeignet ist für solche Zwecke Jojobaöl, das aus den Nüssen eines mexikanischen Wüstenstrauchs gewonnen wird und eigentlich flüssiges Wachs ist. Es wird niemals ranzig, dringt schnell in die Haut ein, reguliert die Hautfeuchtigkeit und wirkt entzündungshemmend. Diese wohlduftende Ölmischung können Sie auch für ein Vollbad verwenden.
- Auch wenn Sie keinen Adventskranz mögen und Adventskalender kindisch finden: Machen Sie das Gefühl der Erwartung anschaulich. Sei es, dass Sie auf einer Etagère mit Kerzenständern jeden Tag ein neues Licht aufstecken,

sei es, dass Sie jeden Tag einen weiteren Stern ins Fenster hängen. Sie können auch eine Orange mit Gewürznelken spicken oder eine Walnuss vergolden, so dass zum Schluss am Heiligen Abend vierundzwanzig Stück in der Schale liegen.

F. X. K.

Der Barbaratag am 4. Dezember

Wie ein winterlicher Brauch Frühlingsgefühle weckt und an die Vorbeugung erinnert

Legenden sind auch dann wahr, wenn sie nicht belegbar sind. Was zählt, ist die innere Wahrheit. Es ist also nicht wesentlich, ob es stimmt, dass sich damals im 3. Jahrhundert im Kleid der jungen Barbara, einer Christin aus dem kleinasiatischen Nikomedia, ein Kirschbaumzweig verfangen hat und ob sie ihn bis zu ihrer Hinrichtung in ihrem Gefängnis mit Wasser aus dem Trinknapf versorgt hat. Sicher ist, dass eine tiefe innere Zuversicht, die auch diese Märtyrerin alle Folterungen durchstehen ließ, lebendig wird, wenn wir mitten im Winter einen Zweig vom Apfelbaum oder vom Pflaumenbaum, vom Birnbaum oder vom Kirschbaum, der an ihrem Namenstag geschnitten wird, erblühen sehen. Auf einmal meinen wir den Frühling zu spüren. Wir blühen auf, weil wir in der dunklen Zeit an die helle denken.

Mit dem Aufblühen der Zweige ein Orakel zu verbinden und aus ihrem Blühen oder Nicht-Blühen eine Prophezeiung herauszulesen, haben wir mit gutem Grund als Aberglauben abgetan. Denn das hängt schlicht vom Wetter ab. Die Zweige blühen nur dann, wenn es vor dem Schneiden Temperaturen um den Gefrierpunkt gegeben hat. Moderne Menschen, die bei jedem Wetter am Brauchtum festhalten, legen in einem lauen Winter die Zweige kurz ins Gefrierfach und geben ihnen dann einen Blühimpuls, indem sie sie einen Tag lang in handwarmes Wasser stellen.

Doch die blühenden Zweige sollten uns auch an etwas erinnern: an das, was uns die Blüten mit Hilfe der Bienen alles an Heilmitteln liefern, die in der Natur ihresgleichen suchen. Und die vor allem zur vorbeugenden Behandlung unersetzlich sind. Jetzt um den Barbaratag ist die Prophylaxe gegen Infekte wichtiger denn je, auch wenn die Temperaturen bei uns ja meist erst im Januar ihren Tiefpunkt erreichen und der Winter erst nach Weihnachten wirklich hart wird.

Die sanftesten Mittel zur Vorbeugung liefern uns Blüten, teils in naturbelassenen Produkten, teils in dem, was die Bienen daraus machen. Denn Blüten sind wahre Apotheken der Natur und die Bienen die besten Apotheker.

Wir verdanken ihnen:

1. BLÜTENPOLLEN. Die männlichen Keimzellen der blühenden Pflanzen sind wahre Konzentrate an natürlichen Kraftstoffen: Die Pollen enthalten Enzyme, Proteine und Vitamine, Spurenelemente und Mineralstoffe. Doch die Blütenpollen in ihrer natürlichen Form können zwar von den Bienen, nicht aber vom Menschen optimal ausgewertet werden. Von ihrer heilkräftigen Wirkung können wir nur dann ganz profitieren, wenn sie mit hochmodernen Techniken schonend aufgeschlossen werden und so ihre Inhaltsstoffe für unseren Organismus zugänglich gemacht werden.

2. BLÜTENHONIG. Seit Tausenden von Jahren schon gilt der Honig als besonders wertvolles Gesundheitsmittel der Natur. Dass Honig besser als viele allopathische Mittel Bakterien abtötet, wurde in zahlreichen Studien belegt. So stellten

Forscher jüngst fest, dass sogar *Herpes labialis*, an dem in der feuchtkalten Jahreszeit viele zu leiden haben, erfolgreich mit Honig zu behandeln ist, denn er enthält Inhibine, Stoffe, die bakterielles Wachstum behindern. Mit Fruchtzucker, Eiweiß, Enzymen und Vitaminen stärkt er außerdem höchst effektiv das Immunsystem.

3. PROPOLIS. Diese lateinische Bezeichnung für das Kittharz, *Pro polis,* bedeutet wörtlich übersetzt »für den Staat«. Das weist darauf hin, dass Propolis für den Bienenstaat sorgt. Denn das antiseptische Kittharz ist dafür verantwortlich, dass sich in einem gesunden Bienenstock keinerlei schädliche Keime einnisten können. Propolis entsteht dadurch, dass die Bienen bestimmte Baumharze, die sie ebenfalls sammeln, mit Hilfe eines Drüsensekrets zu einem zähflüssigen Stoff verarbeiten, mit dem sie dann den Stock auskleiden. Dieser Stoff erstarrt später steinhart. In verarbeiteter Form leistet Propolis für den Menschen dasselbe wie für den Bienenstock: Es tötet Keime ab, die gerade im Winter an Infektionen schuld sind. Äußerlich hilft Propolis, angewandt als Salbe, die Haut glatt und gesund zu erhalten.

4. GELEE ROYALE. Das ist der besondere, mythenumwobene Saft, mit dem die Arbeitsbienen ihre Bienenkönigin füttern, damit sie zu besonderen Leistungen imstande ist, stärker, kräftiger und älter wird als alle anderen. Nur 45 Tage lebt eine Arbeitsbiene im Durchschnitt, die Bienenkönigin aber um die drei Jahre. Jenseits aller Legenden ist Gelee Royale also Kraftnahrung in Reinform: Es enthält Aminosäuren, Vita-

mine (B-Komplex, D, E und A), Lipide, zahlreiche Spurenelemente und Mineralstoffe.

Meine Vorschläge für diese Zeit:

Lassen Sie sich von den Blüten der Barbarazweige inspirieren und genießen Sie es, wie gut Gesundheitsvorsorge schmecken kann.

- Verwenden Sie vom Barbaratag an bis Weihnachten konsequent Honig statt Zucker, um Ihren Tee, Ihren Kaffee oder Ihr Müsli zu süßen.
- Beginnen Sie am Barbaratag eine Kur mit Matricell-Königinnentrank, von dem Sie jeden Tag eine Ampulle morgens nüchtern in kleinen Schlucken zu sich nehmen.
- Behandeln Sie die im Winter oft schrundigen Hände mit Propolis-Salbe.
- Nehmen Sie, wenn Sie anfällig gegen Erkältungskrankheiten sind, zusätzlich einmal täglich einen Teelöffel Blütenpollen zu sich.
- Und um sich selber in blühende Laune zu versetzen und dem Gefühl von Unfrische im Winter zu entkommen: Wenn Sie üblicherweise ein Parfum oder ein Rasierwasser verwenden, steigen Sie für ein paar Wochen auf einen reinen Blütenduft um. F. X. K.

Die Gestalt Mariens und das Rosenkranzgebet

Neben Johannes dem Täufer, dem Wegbereiter, wird uns vor allem auch Maria in der Liturgie als adventliche Gestalt vorgestellt. So dürfen wir die Vorbereitung der Geburt Jesu im Geschehen an und mit Maria betrachten. Deshalb steht am 8. Dezember die Gestalt der ohne Erbsünde empfangenen Jungfrau vor uns.

Dem Betrachter von außen mag ja auffallen, wie oft er in katholischen Kirchenräumen Skulpturen und Bildern Marias begegnet, wie oft im Kirchenjahr ein Tag der Gottesmutter geweiht ist. Man mag in dieser Betonung Marias das Bedürfnis nach der Verehrung des Weiblichen im religiösen Geheimnis sehen. Vor allem aber gilt es für den Christen, an der Gestalt Marias ein Urbild für den Glauben, für die Hingabe an das Wort Gottes, für das Vertrauen auf sein Wirken zu erblicken.

Im Geheimnis der unbefleckt Empfangenen wird uns die Gnadenhaftigkeit, die Unverdientheit unserer Erlösung sichtbar. Gott schuf sich in Maria ein Geschöpf, das ganz offen ist für seine Liebe, bei dem sich keine ererbte oder anerzogene Verderbtheit, Selbstsucht, Überheblichkeit in dem Dialog zwischen Schöpfer und Geschöpf dazwischen schob. Da ist das freie Ja des Menschen, ungetrübt und voller Glanz.

So kann Maria leuchtende Chorführerin für alles weitere Ja werden. Und so wird Maria unsere Geleiterin im freudigen Aufnehmen der Botschaft, im Lobpreis des gnädigen Gottes. Sie wird Vorbild für das Betrachten und Bewahren, das innere Bewegen des Wortes, auch da, wo es unverständlich bleibt, wie beim zwölfjährigen Jesus. Sie bleibt Vorbild im treuen Aushalten, auch da, wo sie Abweisung und Schmerz erfährt, bis unter dem Kreuz. Wie Maria sich vom Geist erfüllen ließ, um Gottes Sohn menschlichen Leib zu geben, so bereitet sie sich mit den Jüngern für die ganze Kirche auf die Fülle der Geistesgaben vor. Maria ist nie der Endpunkt einer Verehrung oder einer liebenden Zuwendung, sie will nichts anderes als hinführen zu Christus. Die vertrauensvolle Hingabe an Gottes Liebe ist das Ziel, wenn wir uns an Maria wenden und von ihr lernen.

Marias Gestalt begleitet uns durch das ganze Kirchenjahr. Wir gedenken ihrer gerne an den Samstagen, im Monat Mai mit den abendlichen Maiandachten und im Monat Oktober. Er nimmt in besonderer Weise das Rosenkranzgebet in den Blick, da wir mit Maria Kindheit und Wirken Jesu (freudenreicher und lichtreicher Rosenkranz), Leiden und Sterben und die Auferstehungsherrlichkeit Christi betrachten (schmerzhafter und glorreicher Rosenkranz). Die meditative Wiederholung dieser verschiedenen Geheimnisse, zu der uns die Perlen des Rosenkranzes, die durch die Finger gleiten, anleiten, ist eine jener Übungen, die in stillen Stunden im Alltag ganz einfache und ganz hochgebildete Menschen in gleicher Weise zur Sammlung führen.

O. L.

Das Nikolausfest am 6. Dezember

Weshalb Schenken so heilsam ist und das Kind in uns wichtig ist

Das Image von Sankt Nikolaus ist leider sehr verzerrt worden. Den heiligen Bischof von Myra, der wahrscheinlich noch die letzte Christenverfolgung unter Diokletian erlebt hat, zu einem strafenden Richter zu machen, war eine Idee strenger Erzieher zu Beginn des 19. Jahrhunderts. Was er nachweislich war? Ein Mann, der im 4. Jahrhundert für soziale Gerechtigkeit kämpfte und ein Freund der Kinder war. Und der wusste, wie wesentlich es ist, dass Kinder auch Kinder sein dürfen. Der Legende nach hat Nikolaus den drei Töchtern eines verarmten Kaufmanns jeweils ein Goldstück durchs Fenster in ihr Zimmer geworfen, damit der Vater die kleinen Mädchen nicht als Prostituierte im Tempel verkauft, wie es bei den Römern auch in der Verfallszeit noch Brauch war. Kindesmissbrauch empfand er damals ebenso entsetzlich wie jeder Mensch mit Gewissen heute auch.

Mit dem gut zu vermarktenden Weihnachtsmann hat der heiliggesprochene Bischof jedenfalls nichts zu tun. Sehr viel aber mit Bräuchen, die sich den Kindern widmen. Im Mittelalter wurden in den Klosterschulen am Nikolaustag einer der Schüler zum Abt erklärt, andernorts wurden Kinderbischöfe für diesen einen Tag inthronisiert. Das war durchaus im Sinne des Bischofs aus Myra, ging es ihm doch auch darum, dass Erwachsene sich das Verständnis für die Offenheit und Unverstelltheit eines Kindes bewahren oder sich zumindest

immer wieder darum bemühen. Wie oft haben wir in unterschiedlichen Übersetzungen den Wunsch Jesu gehört: »Wenn ihr nicht umkehrt und werdet wie die Kinder, könnt ihr nicht in das Himmelreich kommen.« So steht es jedenfalls im Neuen Testament bei Matthäus 18,3. Und wie wenig beherzigen wir das.

»Man muss die Welt ein Leben lang mit Kinderaugen sehen«, hat der große französische Künstler Henri Matisse behauptet. Das soll uns sagen: Wir sollten ein Leben lang staunen können und Dinge erleben, als erlebten wir sie zum ersten Mal.

Vor ungefähr 800 Jahren entstand die Tradition, den Nikolaustag ganz offiziell zum Tag der Kinder zu machen. Und lange schon ist es Tradition, dass die Kinder am 6. Dezember beschenkt werden. Es geht dabei nicht um kostbare Präsente, sondern nur darum, Kinderaugen zum Glänzen zu bringen. Und das ist keine Frage des Geldes, sondern der Einfühlung. Glücklich kann der Schenkende den Beschenkten nur machen, wenn spürbar ist, dass ihn selbst das Schenken beglückt. Dass es ihn freut, nicht reut, etwas herzugeben.

»Es bleibt einem im Leben nur, was man verschenkt hat.« Das hat nicht etwa ein Geistlicher gesagt, bereit zum Verzicht, sondern der erfolgreiche österreichische Komponist Robert Stolz, für viele durchaus ein Protagonist der Eleganz und Genussfreude. Sich gedanklich vom Besitz zu lösen, fällt jedoch den Menschen heute zunehmend schwer. Denn für viele bedeutet Besitz Sicherheit. Selbst für diejenigen, die noch den Zweiten Weltkrieg erlebt haben, die also eigentlich wissen müssten, dass man Sicherheit nicht kaufen kann.

Der Nikolaustag, richtig verstanden, soll auch kein Anlass sein, Kindergeschrei mit Geschenken ruhig zu stellen und quasi einen Ersatz zu bieten für mangelnde Aufmerksamkeit und Hingabe. Er soll uns an die Endlichkeit unserer Existenz erinnern. Und uns die göttliche Fähigkeit der Kinder bewusst machen, sich ihre eigenen Werte zu schaffen. Eine bunte Glasperlenkette ist ihnen mehr wert als ein Anhänger mit Brillantsplittern und ein Teddybär mehr als eine Goldmünze. Erst wenn wir sie mit unseren Wertvorstellungen verdorben haben, muss es das neueste Mountainbike sein oder der eigene Fernseher im Kinderzimmer.

Schenken macht glücklich, wenn es uns leichtfällt, uns von Besitz zu trennen. Und wenn uns der Gedanke an die Flüchtigkeit des Materiellen nicht traurig, sondern heiter stimmt. Und dieses Glücksgefühl stabilisiert uns, seelisch und körperlich.

- ☆ Nehmen Sie den Nikolaustag zum Anlass, einmal wieder richtig zu spielen, ohne Ehrgeiz, ohne gewinnen zu wollen. Nicht Schach oder Mühle, sondern »Mensch-ärgere-dich-nicht« oder ein anderes Spiel, das die Bezeichnung Glücksspiel verdient. Verlieren Sie sich im Spielen wie ein Kind. Dieses Absichtslose befreit.
- ☆ Ob Sie Kinder, Enkel oder Patenkinder haben oder nicht: Nehmen Sie sich die Zeit, ein paar gute Kinderbücher zu lesen. Nicht etwa kriminalistische Jugendbücher, diese auf jung getrimmten Erwachsenen-Thriller, sondern echte Kinderbücher, wo es noch Wunder, Feen und Zauberer gibt.

- ☆ Gehen Sie mit einem oder mehreren Kindern, seien es die eigenen, seien es geliehene, ins Weihnachtsmärchen, in eine der vorweihnachtlichen Theatervorstellungen und erleben Sie die überschwengliche Begeisterung der jungen Besucher.
- ☆ Beobachten Sie ein Kind, wenn es ein Geschenk entgegennimmt: seine Miene, seine Augen, seine Körpersprache.
- ☆ Lassen Sie Ihre Kinder, Patenkinder oder Enkelkinder einen Tag lang bei sich zu Hause regieren. F. X. K.

Geschenke

Zu den Vorbereitungen auf das Weihnachtsfest gehören viele alte Adventsbräuche wie die Sammlung der Familie vor dem Adventskranz, das Singen der Adventslieder, das »Marientragen« (das Wandern einer Muttergottesstatue von Haus zu Haus), das feierliche Rorateamt in der Frühe mancher Wochentage, das Bereiten der Krippe und Besorgen des Christbaums. Kinder dürfen mit Strohhalmen eine Krippe bereiten; ihr Strohhalm ist das Zeichen für einen kleinen Verzicht oder für ein gutes Werk. Plätzchen werden gebacken.

Dazu kommt zunehmend das Denken an die Geschenke. Maßlos übertrieben und ausgeweitet wird es längst schon vor dem Beginn des Advents durch die Werbung und die Auslagen in den Geschäften. Aber der Kern des Gedankens an das Schenken ist durchaus sinnvoll.

Weihnachten ist das große Geschenk Gottes an die Welt. Er schenkt sich hinein in die von ihm geschaffene, aber sich ihm auch immer wieder verschließende, sich ihm versagende und darum von Angst bedrohte Welt. Er senkt sich hinein, indem er einer von uns wird. So offenbart er auch das innerste Geheimnis seines Wesens, das Liebe ist. Gott ist nicht eine Macht, die sich selbst behauptet und über allem steht, er ist – und darum offenbart er sich als dreifaltiger – einer, der sich ganz aussagt in seinem Wort, sich ganz verschenkt und verströmt in der Liebe des Geistes. Darum kann er und will er sich weiter schenkend aussagen in seinem liebenden Jasagen zu allen Geschöpfen.

Daran werden wir erinnert, wenn wir am Weihnachtstisch Geschenke vorfinden und wenn wir durch Geschenke und Grüße zeigen, dass wir nicht in uns verschlossen bleiben, sondern in Liebe an andere denken und uns mit ihnen verbunden wissen. Dies äußert sich freilich nicht in einer Flut von Geschenken und Grüßen, die als eine gesellschaftliche Verpflichtung empfunden werden, oder gar im Nachrechnen des Geldwerts der wechselseitigen Geschenke. Aber wenn wir in dieser Zeit an die Armen, Verlassenen, Kranken denken, wenn wir Zeichen des Wohlwollens und der liebenden Verbundenheit setzen und wenn dies doch in einem erstaunlichen Maß in der ganzen Welt geschieht, dann wird da etwas von weihnachtlichem Licht offenbar. O. L.

Weihnachten

Die Weihnachtstage und ihre Küche

Was an der Weihnachtsküche und den Weihnachtsbräuchen gesund und wohltuend ist

Dass Weihnachten ebenso wie das jüdische Chanukka ziemlich genau zusammenfällt mit der Wintersonnwende, ist kein Zufall. Unser Hunger auf Licht ist um diese Zeit groß, oft übermächtig. Wir spüren, wie sehr wir das Licht brauchen, um gesund zu bleiben. »Licht ist das Vitamin der Seele«, sagt Prof. Dr. Dr. Harald Brost, einer der großen Experten der sogenannten Foto- und Heliotherapie. Dass die kurzen Tage im Dezember lichtbedingte Depressionen auslösen, ist bekannt. Die Fototherapie setzt sich mit neuen Licht- und Strahlungsquellen bereits seit 1970 dafür ein, diese jahreszeitlich bedingte Niedergeschlagenheit mit speziellen Leuchten zu behandeln, und sie verbessert nachweislich die Abwehr von Infekten. Die übliche Halogen- oder Neonbeleuchtung der Räume hilft gegen depressive Anwandlungen nämlich so wenig wie stärkere Glühbirnen.

Unsere traditionellen Vorweihnachts- und Weihnachtsbräuche, aber auch das skandinavische Lucia-Fest, bei dem

eine Lichterkönigin auftritt, belegen, wie alt das Wissen ist: Licht hellt die Stimmung auf. Das natürliche Sonnenlicht auf physiologische, das symbolische Licht auf psychologische Weise. Die sinnbildliche Bedeutung der Kerzen an Weihnachten ist uns allen klar. Jeder versteht, dass sie als Symbol für Christus gelten, der die Welt durch den Glauben erleuchtet hat. So praktisch sie auch sein mögen: Elektrische Kerzen am Christbaum erschweren das Verständnis für die tiefere Bedeutung des Lichtes. Sie sind nicht mehr als Beleuchtungskörper an einem Nadelholzgewächs. Das Licht des Christbaums kann auch nur dann erhellend wirken, wenn wir es als etwas Besonderes, als ein einzigartiges Ereignis erleben. Ich weiß noch genau, wie ich als Kind geradezu erstarrt bin, andächtig und aufgeregt zugleich, wenn sich die Tür zum Weihnachtszimmer geöffnet hat und ich auf diesen leuchtenden Baum geschaut habe.

Doch dieses Glückserlebnis zerstören wir uns selbst. Die Einkaufsstraßen der Städte, auch der Kleinstädte, und erst recht die Weihnachtsmärkte glitzern, gleißen und funkeln mit der Weihnachtswerbung um die Wette. Wie soll da der Lichterbaum noch eine Offenbarung sein?

Und noch eine weitere wohltuende Wirkung der Weihnachtszeit verscherzen wir uns geradezu mutwillig. Das, was die kulinarischen Traditionen um diese Zeit bieten, ist ungemein gesund. Denn gerade die klassischen Zutaten des Weihnachtsgebäcks sind das, was wir in dieser Zeit brauchen. Nicht etwa westliche Wissenschaftler, sondern östliche Heilkundige erklären uns, weshalb Zimtsterne und Glühwein, Nusskipferl und Mandelbögen, Stollen und Glühwein uns guttun. Nach der Ernährungslehre der Traditionellen Chinesischen Medizin, genannt die »Ernährung nach den Fünf Elementen«, gibt es nämlich abkühlende und erwärmende Nahrungsmittel – was wohlgemerkt nichts zu tun hat mit der Temperatur, in der sie serviert werden. Selbst eine heiße Suppe muss nicht erhitzend und ein Sorbet nicht abkühlend wirken, es kommt auf die Ingredienzen an.

Als erwärmend gelten bestimmte Gewürze wie Muskat, Zimt, Kardamom, Nelken, alles, was zum Beispiel in den Lebkuchen steckt, aber auch Rotwein und Nüsse oder Mandeln.

Doch viele meiden heute dieses traditionelle Weihnachtsgebäck. Stattdessen verleiben sie sich in grimmiger Entschlossenheit zu modernem Wohlgefühl auf den Weihnachtsmärkten Garnelen an der Snackbar ein, gabeln asiatische Nudeln, nagen an argentinischen Fleischspießen oder verspeisen heißhungrig eine nur bedingt weihnachtliche Mexiko- oder Chinapfanne.

Doch nicht nur, wenn wir sie zu uns nehmen, auch wenn wir sie nur einatmen, entfalten die klassischen Weihnachtsgewürze ihre heilsame Wirkung. Zimt zum Beispiel wird auch aromatherapeutisch ein erwärmender Effekt zugesprochen: Sein Duft soll helfen gegen Gefühlskälte, die Neigung, sich zu isolieren, gegen seelische Verspannungen und Angstzustände. Verwandeln Sie also Ihre Wohnung um Weihnachten herum in ein duftendes, lichtes Gesamtkunstwerk. Und lassen Sie sich nicht davon irritieren, dass Freunde oder Bekannte es spießig finden, wenn Sie auf einmal den vorweihnachtlichen Garnelenspieß ablehnen und von Bratäpfeln schwärmen, gefüllt mit gemahlenen Nüssen und Zimt, geschmort in honiggesüßtem

Rotwein. Erklären Sie lächelnd, dass diese Traditionen nicht nur Spaß, sondern auch gesund machen.

Dass die alte Sitte ausstirbt, über der Tür zum Wohnzimmer in der Weihnachtszeit einen Mistelzweig aufzuhängen, sollte Sie geradezu animieren, diesen Brauch wiederzubeleben. Denn auch er hat seinen tiefen Sinn aus dem Blickwinkel des Heilkundigen. Angeblich waren es die Kelten, die jene Heilkraft der grünen Schmarotzerpflanze mit den weißen Beeren entdeckt haben. Den meisten von uns sind das Mistelschneiden und die wunderbare Wirkung von Misteltinkturen nur noch durch den Druiden Miraculix bekannt, der in den Comics von Asterix und Obelix eine tragende Rolle spielt. Galliern wie Kelten galt die Mistel (*Viscum album*) einerseits als Symbol des Friedens und der Versöhnung. Mit dem Kuss auf der Türschwelle unter der Mistel begrüßten sie den Fremden als ihren Gast und gelobten ihm Schutz in ihrem Haus. Andererseits wussten sie, sich die Heilkraft der Misteln zunutze zu machen. Weißgekleidete Priester kletterten wirklich wie Miraculix auf die Bäume, an denen sich Misteln breit machten, und schnitten mit einer goldenen Sichel die auch Hexenbesen genannten Pflanzen ab; das schreibt bereits Plinius der Ältere. Wie in der modernen Naturheilkunde war auch damals bereits bekannt, dass die Wirkungsweise von Mistelextrakten davon abhängt, welche Wirtspflanze sie sich ausgewählt haben. Die Präparate werden danach unterschieden. Die von der Eiche galten in der Antike als besonders hilfreich. Hippokrates, auf dessen Vermächtnis sich die Medizin bis heute beruft, empfahl die Mistel schon um 40 vor Christi Geburt, später aber geriet sie als Heilmittel in Vergessenheit.

Für die Medizin wiederentdeckt hat die Mistel vor ungefähr 75 Jahren der Anthroposoph Rudolf Steiner und durch ihn angeregt begannen die Homöopathen, die Mistel nicht nur in Form von sogenannten Kaltauszügen, Tees und Tinkturen zur Regulierung von zu hohem oder zu niedrigem Blutdruck zu verwenden und als Mittel gegen nervöse Zustände, sondern auch als Injektionspräparat zur Krebsbehandlung. Weit über tausend wissenschaftliche Abhandlungen sind über die Mistel verfasst worden, so dass sie zu den am besten untersuchten Pflanzenheilmitteln (*Phytotherapeutika*) gehört. Während sie zur Krebstherapie, zur Behandlung von Arteriosklerose, Hypo- und Hypertonie nur vom Arzt eingesetzt werden darf, ist sie als weihnachtlicher Schmuck völlig nebenwirkungsfrei und ungefährlich – es sei denn für diejenigen, die sich nach altem Brauch darunter küssen.

☆ Zimt (*Cinnanomum ceylanicum*) wirkt nicht nur im Weihnachtsgebäck. Wer es kalorienfrei mag, gönnt sich eine Wasserdampfdestillation mit dem Öl der Zimtrinde, das die Begleiterscheinungen von Grippe wie Frösteln und Gliederschmerzen lindert, oder das Zimtaroma aus der Duftlampe. Dafür empfiehlt es sich, Zimtöl mit Ylang-Ylang, Sandelholz, Limette oder Jasmin zu kombinieren.

☆ Zimtrindenöl wirkt hautreizend. Doch der Zimt ist ein Alleskönner: Zur äußeren Anwendung bietet sich Zimtblätteröl an. Es eignet sich für Bäder, Massagen, Gesichtskompressen und Einreibungen. Dabei hilft es gegen Schwächezustände und Erschöpfungszustände, denn es regt die Durchblutung nachhaltig an.

- Wenn Sie sich selber Punsch oder Glühwein bereiten, verwenden Sie nicht die ungemein praktischen Gewürzbeutel – was sich darin verbirgt, ist so wertvoll wie der Tee in billigen Teebeuteln. Setzen Sie das Ganze mit frischen Gewürzen an, mit ganzen Zimtstangen, ungemahlenen Gewürznelken, frisch geriebener Muskatnuss und vielleicht einer Vanilleschote, deren Mark Sie für das Weihnachtsgebäck ausgekratzt haben.
- Legen Sie vor dem Heiligen Abend einen Tag ein, an dem Sie das Dunkel jener Zeit bewusst erleben. Machen Sie wenig Licht in der Wohnung, sehen Sie zu, wie früh es Nacht wird draußen, verzichten Sie darauf, Kerzen anzuzünden. Gönnen Sie sich ein Vollbad, gehen Sie früh zu Bett und erleben Sie, wie spät es hell wird. Umso intensiver werden Sie den altgewohnten Lichterbaum als überwältigend schön erleben.
- Reden Sie, auch in der Weihnachtszeit, mit Ihrem Arzt oder Heilpraktiker über Mistelpräparate, wenn Ihr Blutdruck nicht im Normbereich liegt und Ihnen das üblicherweise während der Festtage besonders zu schaffen macht.

F. X. K.

Die Krippe

Zur Vorstellung von Weihnachten gehören das Kind in der Krippe, die Darstellung des Stalls von Bethlehem mit Maria und Joseph und den Hirten, mit Ochs und Esel und Schafen, mit dem Zug der Heiligen Drei Könige. Das Fest der Menschwerdung Gottes, der Fleischwerdung des Wortes, wird sehr sinnvoll gefeiert, wenn wir dies Geheimnis mit allen Sinnen aufnehmen, wenn wir uns hineinversetzen in Zeit und Land der Geburt Jesu, in Höhlen und Felder von Bethlehem.

Aber zugleich dürfen wir auch das Geschehen von einst in unser Heute versetzen, etwa in unsere Landschaft, wie die der bayerischen Berge, oder auch in die Elendsviertel unserer Großstädte. Das Neuaufstellen einer Krippe, das Sammeln von Moos und Holz, der Erwerb neuer Figuren, auch das Kleiden und Schmücken eines Christkindes, das alles hat oft den Charakter des Spielerischen, des Süßen, des Sentimentalen. Aber es soll ja auch unser Gefühl, unser Herz angesprochen werden. Gott, die Allmacht, ist ein kleines Kind geworden.

Und Jesus lässt gerade die Kinder zu sich kommen, liebkost sie herzlich und gibt uns die Weisung, wie die Kinder zu werden. Darum ist auch etwa die im Mittelalter vor allem in den Frauenklöstern entstandene und lebendig gebliebene Christkindlmystik legitim. Solche Christkindl wie der Bambino der Franziskaner von Aracoeli in Rom, das Jesukindlein von Prag, das Augustinerkindl in München werden geschmückt und verziert und in vielen Andachtsbildern verehrt.

ALTARE
PRIVILEGIATUM
FERIA III.V.&VI
GLORIA IN EXCELSIS DEO

Da darf auch der Erwachsene das Kindliche in sich neu erwecken. Er darf mit Friedrich Spee singen: »Oh, Kindelein von Herzen, dich will ich lieben sehr«. Sein Lied »Zu Bethlehem geboren ist uns ein Kindelein« zeigt gewiss eine innige Hingabe an dieses Kind. Zugleich zeigt das Leben seines Verfassers, dass gerade solch herzliche Hingabe befähigt, unerschrockener Kämpfer zu sein gegen die Unmenschlichkeit seiner Zeit, gegen alle Grausamkeit, vor allem an den Frauen, den vermeintlichen Hexen.

Die Fertigung eines Fatschenkindels etwa, wenn das Nackte, Ausgesetzte sorgsam eingebunden und bekleidet wird, kann in der Kälte auch unserer technischen Welt, im Ausgeliefertsein an die ökonomischen Zwänge, neu unseren Blick für das Kleine und Schwache in der Welt öffnen, aber auch uns selber innerlich gesunden lassen an dem Kostbaren unseres eigenen Kindseins.

O. L.

Heilige Familie

Die Weihnachtszeit lenkt nicht nur den Blick auf das Kind, sondern auch auf die Familie, auf Maria und Joseph und auf die Sippe. Gott lässt sich ganz in das menschliche Leben ein. Das ist immer ein Leben miteinander, es bedeutet Abhängigkeiten, Missverständnisse, Schmerzen. Auch die sogenannte »Heilige Familie« steht immer wieder vor Unbegreiflichkeiten, vor Not und Bedrängnis. Sie erfährt Ablehnung und Verfolgung, Flucht und Heimatlosigkeit. Sie hält doch zusammen, nimmt die Aufgaben an, erspürt immer wieder den Anruf Gottes und geht jeweils dorthin, wohin sie geführt wird. Jesus, der Zwölfjährige, der ausgebrochen ist und der im Tempel seine wahre Heimat erkannt hat, ist dann wieder den Eltern untertan und ein Lernender und Reifender in allen menschlichen Unzulänglichkeiten.

Mit das Erstaunlichste am Evangelium ist für mich das verborgene Leben Jesu in Nazareth. Der Großteil des Lebens dessen, in dem die Fülle der Liebe und Weisheit Gottes wohnte, verlief in der Alltäglichkeit des Hauses von Nazareth, in der Zimmermannstätigkeit, in einfacher Arbeit inmitten einer Dorfgemeinschaft, die an Jesus nichts Besonderes bemerkte, sondern ihn ganz in seine Sippe einordnete. Wenn wir bedenken, was hochbegabte, geniale Menschen in jungen Jahren schon gewirkt, gedichtet, komponiert, Aufsehen erregt haben, muss es jedem heutigen Marketingmanager unbegreiflich sein, warum hier ein Licht so lange verborgen bleibt, ein Talent nicht genützt wird. Aber eben das ist das Talent, die kostbare Gabe Gottes, dass er in der Begrenztheit einer einfachen Familie, eines Ortes, von dem man annimmt, dass nichts Gutes daraus kommen kann, in einer vom Mittelpunkt eines Weltreichs ganz abgelegenen Provinz, im verborgenen Leben und Arbeiten aushält. Dieses Talent ist hinein gegeben in jedes Leben einer Familie, eines Berufes, in einer menschlichen Gemeinschaft.

O. L.

Neujahr

Was wir von alten Neujahrsriten profitieren können

An Neujahr siegt meist der Aberglaube über den Glauben, denn allzu viele sagenumrankte Bräuche sind an diesem Tag Tradition. Doch auch hier steckt in den Legenden Weisheit und hinter den oft seltsamen Riten verbirgt sich eine nützliche Einsicht.

Die Römer feierten an Neujahr das Fest des Gottes Janus, der seinen Namen von dem lateinischen Wort *ianua* hat, was so viel wie Tür oder Eingang bedeutet. Janus war bei ihnen der Gott mit den beiden Gesichtern, das eine zurück, das andere nach vorn gewandt. Und dieses Sinnbild ist auch für Christen durchaus hilfreich, gibt es doch Anlass, innezuhalten, nach hinten zu schauen in das vergangene Jahr und nach vorn in das nun beginnende. Diesem Tag symbolische Bedeutung beizumessen und sich gegenseitig mit guten Wünschen zu bedenken ist allerdings erst seit ungefähr 600 Jahren belegbar. Die ältesten Neujahrskarten mit Liedern oder guten Wünschen stammen aus dem frühen 15. Jahrhundert.

Das meiste, was hierzulande zu Neujahr gehört, besitzt durchaus Sinn, auch aus der Sicht eines Heilkundigen. Zum Beispiel das Glücksschwein. Schweineschmalz war in der Speisekammer der billigste und wichtigste Vorrat für kalte Zeiten. Jahrhundertelang war in unseren Breiten das Schwein *der* Fleisch- und Fettlieferant, weil es zu sonst nichts taugte, nicht zum Eierlegen wie die Hühner, zur Wollelieferung wie die Schafe, nicht zum Milchgeben wie Kuh und Ziege, nicht zur Arbeit wie der Ochse. Und auch Fett gehört zu jenen Substanzen, die nach der Ernährungslehre der Chinesen erwärmend sind. Fett, auch tierisches, ist nicht generell ungesund. Richtig dosiert erfüllt es eine wesentliche Funktion. Auch der vielerorts an Neujahr klassische Karpfen ist ja nicht eben ein mageres Gericht. Ob er bei uns an Neujahr aus demselben Grund so beliebt ist wie in Ostasien – dort gilt er als Symbol für langes Leben –, ist fraglich. Und die alte Sitte, einige Karpfenschuppen in den Geldbeutel zu geben, um so ein gutes Einkommen im nächsten Jahr zu sichern, ist nur der Lederwarenindustrie zuträglich.

Ernährungspsychologen haben erforscht, dass Fett auf der Zunge und am Gaumen ein Gefühl der Zufriedenheit aufkommen lässt, das durch nichts ersetzt werden kann. Es gibt Menschen, die sich dauernd konsequent den Genuss fetter Speisen versagen, ob sie buttrig oder sahnig sind, ob sie im Schmalz oder im Öl herausgebacken sind, ob sie wie ein Schweinebraten oder ein Karpfen von Natur aus etwas fettreicher sind oder mit Mayonnaise, Butter oder anderem Fett angereichert werden. Bei ihnen bricht sich früher oder später ein Heißhunger Bahn auf jenes Verwöhngefühl, das nur Fett der Mundhöhle bescheren kann. Und dann lässt sich nach dem Salat, der ganz ohne Dressing heruntergewürgt wurde, oder dem völlig fettfreien Fleisch das Bedürfnis nach Softeis oder Leberkäse nicht mehr unterdrücken.

Bei den meisten Neujahrsgerichten spielt selbstverständlich magisches Denken eine wesentliche Rolle. Verbreitet ist der Brauch, einen Heringssalat mit sieben Zutaten zu servieren, bereitet aus Heringsfilet, kaltem Braten, Äpfeln, Gewürzgurken, Kartoffeln, Zwiebeln, oft auch Käsestückchen. Denn in unserem Kulturkreis gilt die Sieben als Zeichen der Vollkommenheit. Die in einigen deutschen Regionen beliebte Linsensuppe soll durch die münzenähnlichen Hülsenfrüchte Geldsegen heraufbeschwören, ähnlich wie die bewährte Thüringer Gelbe-Rüben-Pfanne mit ihrer goldenen Farbe Reichtum herbeizaubern will.

Was an solchen Gerichten gesund sein soll? Dass sie uns an die Kraft dessen erinnern, was sich in der Fachterminologie *self-fulfilling prophecy* nennt, an die sich selbst erfüllende Vorhersage. Denn das Mentale Training, wie es erfahrene Pädagogen und Psychologen lehren, beruht auf der Einsicht, dass wir durch Imagination konkrete Ziele erreichen können. Selbstinstruktionen sind vor allem dann wirksam, wenn wir sie uns in ganz entspanntem Zustand geben. Genau das ist es auch, was den oft belächelten guten Vorsätzen an Neujahr gute Chancen gibt: Wer gelöst ist und gelassen in dieser Nacht und sich vorsagt: »ich packe es, ich schaffe es« – ob es darum geht, weniger zu trinken, das Rauchen aufzugeben, eine Krankheit zu überwinden, ein Krise in der Partnerschaft oder ein berufliches Hindernis –, hat durchaus Aussichten auf Erfolg. Und was ist das anderes als eine säkularisierte Form des Betens?

- ☆ Wo und mit wem immer Sie Neujahr feiern: Beschäftigen Sie sich mit den dort üblichen Bräuchen und erkunden Sie, was dahintersteckt. Denn das bereichert Sie und schult Ihr symbolisches Denkvermögen.
- ☆ Gönnen Sie sich, gerade im Winter, das gaumenschmeichelnde Fett, wenn es Sie danach verlangt. Lassen Sie kein

Defizit entstehen, das dann unbezähmbare Fettgelüste zur Folge hat.

- Nehmen Sie Neujahr zum Anlass, sich mit den Mechanismen des Mentalen Trainings zu beschäftigen – sie sind leicht zu erlernen. Ob Sie unter Ängsten, auch Prüfungsängsten und Phobien leiden oder unter Schlafstörungen, ob Sie mit einer Sucht zu kämpfen haben, mit Stressbeschwerden, Gedächtnis- oder Konzentrationsschwäche: Es ist verblüffend, wie die leise oder nur in Gedanken gesprochenen Selbstanweisungen das Verhalten beeinflussen und von Grund auf verändern können.
- Weil die Vorraussetzung für die Wirksamkeit guter Vorsätze der entspannte Zustand ist, erlernen Sie noch vor Neujahr eine Entspannungstechnik wie zum Beispiel das Jacobsen-Training. Anleitungen dazu kann Ihnen nicht nur ein Psychotherapeut geben, sie sind auch auf CD oder Kassette erhältlich. Zur Anti-Stress-Behandlung im Do-it-yourself-Verfahren empfehle ich das Buch von Dr. med. Wilhelm Schmid-Bode: *4 Stresstypen und 4 Wege zur Gelassenheit*, zu dem Sie auch eine CD mit Entspannungsübungen bestellen können. F. X. K.

Dreikönig

Die Weihnachtszeit kennt zwei Höhepunkte, neben dem 25. Dezember den 6. Januar, das Weihnachtsfest der Ostkirche: Epiphanie, Erscheinung des Herrn, das Offenbarwerden des göttlichen Glanzes in Jesus. Es zeigt sich in der Liturgie in der Anbetung der Weisen aus dem Morgenland, in der Taufe Jesu und in seinem ersten Wunder auf der Hochzeit zu Kana.

In unserer Tradition haben vor allem die drei Weisen, die als Könige gedeutet werden, Aufmerksamkeit gefunden. Der Stern, der hier aufleuchtet, steht für alle Hinweise, die wir aus der Schöpfung und aus der Geschichte erfahren, dass wir uns auf den Weg machen, unserer Sehnsucht trauen, Suchende werden sollen. Der suchende Mensch gibt nicht auf, auch wenn es auf dem Weg dunkel wird, wenn sich die angezielte Stadt der Menschen nicht voll freudiger Erwartung, sondern voller Schrecken zeigt. Die Menschen der großen Sehnsucht können weitergehen und können vor dem Geheimnis auch in seiner unscheinbaren Gestalt niederfallen, sie können anbeten und huldigen. Sie nehmen, auch wenn sie einen anderen Weg als den geplanten weitergehen, Segen und Verheißung mit.

Darum segnen wir an diesem Tag unsere Wohnungen. Darum wird eine der Gaben der drei Weisen, der Weihrauch, ein Zeichen dafür, dass Gebet und Verehrung aufsteigen dürfen wie der Rauch und dass diese Ehrfurcht den Raum unseres Lebens mit Wohlgeruch erfüllt. Darum dürfen die Sternsinger eine Segensbotschaft zu den Menschen tragen und zugleich gute Gaben empfangen, auch für die Not der Welt. O. L.

Der Dreikönigstag am 6. Januar

Warum die Gaben der Könige wirklich königlich für die Gesundheit sind

Drei reiche, mächtige Männer folgen einem Stern, finden so zu Gottes Sohn, der in ärmlichsten Verhältnissen zur Welt gekommen ist, und beugen vor ihm das Knie.

Die Geschichte ist schön und tief und es brauchte keine historischen Belege dafür, um sie unsterblich zu machen. Wer die drei Könige waren und welchen Himmelskörper sie genau sahen, wird nie eindeutig zu klären sein. Vermutlich handelte es sich jedoch um drei babylonische Astronomen – Babylon war damals das Zentrum der astronomischen Forschung –, die ein astronomisches Phänomen, den sogenannten »Stern von Bethlehem« erkundeten. Später wurde er, zum Beispiel von Giotto, dargestellt wie der Halleysche Komet, der sich im Jahr 1301 zeigte und sich alle 76 Jahre unserem Planeten auf Sichtweite nähert.

So weit unsere Mutmaßungen, die aber wenig mit seelischer oder körperlicher Gesundheit zu tun haben. Für die sind vielmehr die legendären Geschenke der drei Könige wichtig: Gold, Weihrauch und Myrrhe sollen sie mitgebracht haben.

Die Sitte, Weihrauch und Myrrhe zu Ehren Gottes zu verbrennen, ist keineswegs eine Erfindung der Katholiken. Bereits die Priester der Antike waren auf die naheliegende Idee verfallen, Gott durch den wohlriechenden, aufsteigenden Rauch ein Zeichen der Demut und Dankbarkeit gen Himmel zu senden. Das Parfum hat schließlich seinen Namen auch vom Lateinischen *per*, zu Deutsch »durch«, und *fumus* »Rauch«, »Dampf« oder »Dunst«. Auch Noah war der Gedanke gekommen, zum Dank dafür, dass er nicht in der Sintflut ertrunken war, seinem Gott ein duftendes Dankopfer zu bringen. Und offenbar war ihm bewusst, dass jedes brennende Fleisch eines Opfertiers zum Himmel stinkt. Deshalb verwendete er als Deodorant Wohlriechendes, wahrscheinlich Myrrhe und Weihrauch. Beides sind Harze tropischer Sträucher, die im Mittleren Osten schon vor Jahrtausenden verbreitet waren. Erst sehr viel später wurde ihnen von den Christen eine symbolische Bedeutung unterlegt und erklärt, sie seien wegen ihrer Bitterkeit als Hinweis auf den bitteren Leidensweg Christi zu verstehen. Das jedenfalls kann für die drei Könige nicht das Motiv gewesen sein, sich mit eben jenen Gaben auszustatten.

Ihre Beweggründe, die Harzklumpen nach Bethlehem mitzunehmen, waren wohl eher gesundheitlicher Natur. Wusste man so gut wie heute, wie viele segensreiche Wirkungen die Myrrhe (*Commiphora molmol*) beschert. Nicht nur die zahlreichen Erwähnungen der Myrrhe im Alten Testament beweisen, wie lange schon ihre Heilkraft bekannt ist. Dass auch die Griechen der Antike sie zu nutzen wussten, belegt der Mythos, der ihren Namen erklärt: Angeblich hat der Strauch mit seinen knorrigen Zweigen und den kleinen, dreiteiligen Blättern seinen Namen von dem Mädchen Myrrha, das von der Liebesgöttin Aphrodite verführt wurde, Inzest mit dem eigenen Vater zu treiben. Als der Vater dies entdeckte, wollte er wutentbrannt seine Tochter Myrrha töten. Er wurde aber daran gehindert, indem Aphrodite die Myrrha in einen

Strauch verwandelte. Das Harz, das aus der Rinde des Myrrhenstrauchs austritt, wurde als Tränen der Myrrha gedeutet.

So weit der Mythos. Tatsache ist, dass jene aus der Rinde austretende Substanz ätherisches Öl mit Herabolen, Cadinen und Eugenol enthält, Harz mit Commisäuren und Herrabomyrrholene, Gummi aus Aribinose, Galactose und Xylose. Und dass es anregend wirkt, bei Husten den Auswurf fördert, entzündungshemmend, antiseptisch, hilfreich bei der Wundheilung und schmerzlindernd ist. Ob als Myrrhentinktur, Tabletten oder als Zahnpulver, ist die Myrrhe ein wunderbares Heilmittel. Gerade im Winter. Denn sie hilft zuverlässig bei Atemwegsinfektionen, die mit Verschleimung einhergehen, und bei Entzündungen der Mundschleimhaut, des Zahnfleischs oder des Rachens.

Es ist also ein Hausmittel für viele Zwecke, was die Könige dem Jesuskind mitbrachten.

Nicht weniger nützlich ist der Weihrauch, den sie im Gepäck hatten. Das Harz des Weihrauchbaums (*Boswellia thurifera*) wird wie das der Myrrhe gewonnen. In die Rinde des Baumes werden tiefe Einschnitte gemacht, so dass der Saft austritt. Ist er zu Harz erhärtet, wird er eingesammelt. Der Saft des Weihrauchbaums enthält ätherisches Öl mit Terpen und Sesquiterpen, Harz und Gummi. Diese wurden ebenfalls in der Pflanzenheilkunde schon lange vor Christi Geburt verwendet. Weihrauch kann äußerlich eingesetzt werden als antiseptisches Mittel bei Wunden und Hautinfektionen, innerlich wie die Myrrhentinktur als Gurgelmittel bei Rachen- und Mundinfektionen, vor allem aber als Inhalationsmittel gegen Bronchitis und andere Formen der Atemwegserkrankungen.

Früher wurde mehr als heute das, was heilte oder stärkte, in wohlschmeckender Form serviert. Nicht als Pille oder Arznei, sondern als Zutat, als Gewürz in aromatischen Getränken und Gerichten. Selbst der Wein, der Jesus Christus vor der Kreuzigung angeboten wurde, war, wie es im Markus-Evangelium heißt, mit Myrrhe gewürzt. Sollte er die Schmerzen bei der Kreuzigung lindern helfen?

Wer nun meint, das dritte Präsent der Könige, das Gold (*Aurum*), habe nichts mit der Gesundheit zu tun, sondern nur mit Geldwert, irrt. Es ist zwar richtig, dass dieses Edelmetall durch sein begrenztes Vorkommen von jeher als geeignet galt, als internationale Währung zu dienen, zumal es den Vorteil besitzt, nicht anzulaufen und sich leicht formen zu lassen. Doch nicht nur in der Prothetik, als Zahnersatz oder -füllung spielt es bis heute in der Medizin eine wichtige Rolle. Natürliches Gold und Goldsalze sowie radioaktives Gold werden zu ganz unterschiedlichen Zwecken verwendet. In der Schulmedizin wird zum Beispiel bei bestimmten Strahlenbehandlungen in der Krebstherapie radioaktives Gold ins Gewebe implantiert, und auch bei rheumatoider Arthritis wird es eingesetzt. Da es in radiaktiver Form hochgiftig ist, ist das eine Methode der letzten Wahl. Ganz anders steht es um die Goldsalze, die ebenfalls gegen rheumatoide Arthritis helfen. Als homöopathisches Mittel (*Aurum metallicum*) wird es in der alternativen Heilkunde bei Depressionen, Arteriosklerose, aber auch Knochenschwund verabreicht. In der Medizin der Chinesen wird Blattgold äußerlich angewandt zur Behandlung von entzündeten Gelenken zum Beispiel bei einem Gichtanfall.

An jenes Goldgeschenk der Könige erinnert der wahrlich goldene Dreikönigskuchen, der in Spanien *Roscón de Reyes* heißt, ein Kranzkuchen mit kandierten Zitrusfrüchten und Orangenblütenwasser, dem italienischen Weihnachtspanettone ähnlich. Früher war er auch bei uns verbreitet.

Uns aber sollten die drei legendären Gaben von Kaspar, Melchior und Balthasar vor allem an eines erinnern: dass die Natur uns königlich beschenkt. Falls Ihnen übrigens die Sternsinger am Dreikönigstag nach alter Sitte ein C + M + B auf den Türstock schreiben, sind damit weniger die drei Könige gemeint. Es handelt sich dabei um die Abkürzung eines frommen Wunsches: *Christus mansionem benedicat* – Christus möge dieses Haus segnen.

- ☆ Kaufen Sie sich ein Fläschchen Myrrhentinktur für die Hausapotheke und entdecken Sie dieses bewährte Heilmittel wieder. Wenn Sie zur Parodontose neigen, sollten Sie sich täglich den Mund mit Myrrhen-Mundwasser ausspülen. Dazu geben Sie einfach einige Tropfen der Tinktur in lauwarmes Wasser. Bei beginnenden Halsentzündungen hilft es, mit diesem Wasser zu gurgeln. Dann allerdings sollten Sie mehr Myrrhentinktur hinzufügen.
- ☆ Entdecken Sie die aromatherapeutische Wirkung von Weihrauch. In Läden, die Duftlampen führen, bekommen Sie meist auch diese Harzklumpen und spezielle kleine Lämpchen, wie sie im Orient bis heute verwendet werden, um den Weihrauch gen Himmel steigen zu lassen.
- ☆ Betrachten Sie Gold einmal mit anderen Augen. Dass es aus Sicht der Homöopathen auch bei rheumatischen Be-

schwerden Gold wert ist, gibt ihm eine ganz neue, tiefere Bedeutung. Denn das macht uns bewusst, dass Gesundheit ein unendlich viel größerer Wert ist als jeder Besitz. Wenn wir jung sind, opfern wir dem Geld unsere Gesundheit, später opfern wir der Gesundheit alles Geld. F. X. K.

Lichtmess

Ein weihnachtliches Fest, auch wenn es nach der neuen liturgischen Ordnung nicht mehr zum Weihnachtsfestkreis gehört, ist der 2. Februar, das Fest der Darstellung des Herrn, früher Mariae Lichtmess genannt. In der Ostkirche heißt es Fest der Begegnung. Am 40. Tag nach der Geburt, dem Tag der vom Gesetz vorgeschriebenen Reinigung, begegnet Jesus dem Gottesvolk des Ersten Bundes, vertreten durch Simeon und Hannah. Der Lobgesang des Simeon »Ein Licht, das die Heiden erleuchtet, und Herrlichkeit für dein Volk Israel« (Lk 2, 32) gibt Anlass, Christus, den Sohn Mariens, als das Licht zu feiern. Ein Licht, das uns übergeben und von uns weiter getragen wird durch die Zeiten.

Darum werden an diesem Tag die Kerzen gesegnet, dass »wir sie in unseren Händen tragen und zu deinem Lob entzünden. Führe uns auf dem Weg des Glaubens und der Liebe zu jenem Licht, das nie erlöschen wird«. Wir reihen uns ein in die Reihe der Lichtträger. Noch ist ja winterliche Kälte, noch bricht die Dunkelheit früh herein in den Tag, aber der Glaubende weiß um das Licht, das von Christus ausgeht und in ihm leuchten soll. Wie in der Osternacht bei der Segnung der Osterkerze wird uns das Erhellende, Wärmende und Heilende der Kerze bewusst. Darum brennen die Kerzen am Altar. Darum spüren wir beim Blick auf eine brennende Kerze auf unserem Tisch, wie dieses ruhig flackernde Licht ein Zeichen unseres Lebens ist. Das Wachs der Kerze wird von der Flamme verzehrt, aber das Licht ist es wert, dass wir uns ihm hingeben. In allem Vergehen leuchtet der Sinn des

Lebens auf, das Dunkel des Raums, das Dunkel der Welt zu verwandeln.

Auch der Tag danach, das Fest des heiligen Blasius, ist für viele Menschen solch ein Licht geworden. Der Märtyrer Blasius gilt als Patron gegen Halskrankheiten, weil dieser 316 enthauptete Bischof, vorher Arzt, ein Kind, das eine Gräte verschluckt hatte, vor dem Ersticken gerettet habe. Zwei überkreuzte Kerzen werden den Häuptern der Gläubigen entgegengehalten und Gott um Bewahrung vor Krankheit und allem Übel angefleht. Wenn es in uns Licht wird, erfahren wir Heilung.

O. L.

Fastnacht, Fasching, Karneval

Worin die stärkende Wirkung der Ausgelassenheit besteht

Wie immer Sie jene verrückte Zeit nennen, Fastnacht, Fasching oder Karneval: Alle drei Bezeichnungen weisen auf das Fasten hin, das danach beginnt. Ob der Karneval so heißt, weil wir danach dem *carnis*, dem Fleisch, *vale*, also Lebewohl sagen oder ob er seinen Namen von dem kirchenlateinischen Wort *carnislevamen* hat, was schlicht Fleischwegnahme bedeutet, darüber streiten sich die Gelehrten.

Fastnacht, im Dialekt Fasnacht oder *Fasnet*, meint eigentlich im engeren Sinn nur die eine Nacht vor Beginn der Fastenzeit. Doch in unserem Sprachgebrauch meint es längst dasselbe wie Karneval und Fasching: nicht die gesamte närrische Zeit und auch nicht nur 12 Stunden, sondern die sechs Tage vom Donnerstag bis zum Aschermittwoch. Die Bezeichnung Fasching kommt vom mittelhochdeutschen *vaschang* oder *vastschang*, worin das Wort Schank im Sinn von Ausschank des Fastentrunks steckt, also der Hinweis aufs Weintrinken und das übliche Zechgelage vor Beginn der Fastenzeit. Und darin liegt die Weisheit aller Faschingsbräuche: Sie beruhen auf der Einsicht, dass wir Menschen nicht geschaffen sind für ein gleichförmiges Dasein. Wir benötigen die Arbeit ebenso wie die Pause, das Festliche ebenso wie das Alltägliche, die Regeln ebenso wie die Ausnahmen davon. Sogar bestimmte Zwänge haben ihren Sinn, wenn wir uns immer wieder davon freimachen können. Erlöst kann nur werden, wer vorher festgebunden war.

Dass in der katholischen Kirche die praktische Psychologie von jeher zu Hause war, beweist die Existenz des Faschings. Selbstverständlich musste das meiste, was zum Karneval gehörte, das Missfallen der Kirche erregen, die erotischen Ausschweifungen ebenso wie die Saufgelage und die Fressorgien. Dass dort Teufel, lasterhafte »Wilde Männer« und Narren ihr Unwesen treiben, ja dass überhaupt der Narr, der in Psalm 53 der Bibel verkündet, es gebe überhaupt keinen Gott, sich ungestraft lustig machen darf über Autoritäten und Rituale, scheint verwunderlich. Sich auf die römische Tradition der Saturnalien zu berufen, brachte da wenig – das war schließlich aus christlicher Sicht ein heidnischer und damit verwerflicher Brauch. Doch die Kirche tolerierte es mehr oder weniger stillschweigend, dass die Menschen ein paar Tage lang über die Stränge schlugen und alle Ordnungen auf den Kopf stellten: Kinder konnten Könige sein, Männer durften sich als Frauen verkleiden, Bettler als reiche Kaufleute. Im alemannischen Raum ziehen bis heute an der *Fasnet* Männer die traditionelle Tracht der Frauen samt Radhaube an und treten als *Schnitzwiber* auf, laufen Jugendliche beim sogenannten *Hemdeglonker* in einem Nachthemd, das war früher ein Ministrantenhemd, durch die Stadt und benehmen sich so gar nicht fromm. Kurz: Alle lassen die Sau raus, bis hin zum Metzger, der das früher ganz wörtlich nehmen musste. Denn mit der Fastenzeit begann für ihn eine geschäftlich miserable Phase, die erst an Ostern ein meist »lammfrommes« Ende fand. Vorher musste er also all sein Fleisch, seine Würste und vor allem seinen Schmalz loswerden. Daraus entstand der Brauch, an Fastnacht recht viel im Schmalz herausgebackenes Gebäck anzubieten. Im Südwesten Deutschlands gibt es noch immer den *schmotz'ge Dunschtig*, also den schmalzigen Donnerstag, an dem der Krapfen zum Grundnahrungsmittel wird.

Die »schmalzigen Küchel« gab es nachweislich schon im 16. Jahrhundert. Mönche und Nonnen in den Klöstern ließen sie für die Armen backen. Bäuerinnen buken sie für ihre Mägde und Knechte. Bürgermeister und Bischöfe ließen sie an alle austeilen. Adlige Herrn an ihre Angestellten. Das Schmalzküchel-Holen bei Freunden, Bekannten oder auch Fremden war aber auch ein Gesellschaftsspiel. Wiederum eines, bei dem gelacht, gelästert und gezecht wurde, jedenfalls nicht gebetet.

Weil auch Geflügel bei frommen Katholiken in der Fastenzeit keinen Absatz fand, ist in zahlreichen alten Abrechnungen von »Fastnachtshühnern« die Rede. Der Grund: Vor Aschermittwoch schlachteten die Bauern mehr Geflügel als üblich. Denn nicht einmal als Leghennen brauchten sie das Federvieh, weil Strenggläubige in der Fastenzeit auch keine Eier essen sollten. Es waren also nur sehr wenige Eier nötig für die Menschen mit laxen Regeln oder für die Andersgläubigen. Das Praktische dabei: Ein großes Huhn im Topf lieferte beim Faschingsgelage ein billiges Essen für viele.

Manch einer findet all das doppelbödig. Zuerst prassen, um sich dann zu kasteien. Zuerst die Ordnung umwerfen lassen, um sie dann wiederherzustellen. Warum, so fragt man sich, ließen und lassen die kirchlichen Herren ihre Gläubigen verkehrte Welt spielen, sogar was die Welt der Kirche selbst anging? Manche behaupten, die geistlichen Väter hätten so bewusst die Gegenwelt vorführen wollen, die *Civitas Diaboli*, den Teufelsstaat. Doch es scheint eher so, als wollten sie den Menschen vielmehr Gelegenheit geben, ihren Überdruck, auch ihren Verdruss abzulassen. Fasching war ein Ventil, die Soll-Bruchstelle der Moral oder anders gesagt, der programmierte Bruch mit den Normen und Regeln. Und danach fiel es sehr viel leichter, sich dem vorgeschriebenen Verzicht der Fastenzeit zu beugen.

Dass sich der christliche Glaube und freudvolles Feiern nicht widersprechen, ist ja zu belegen. Schließlich kommt in der Bibel das Wort Freude 365 Mal vor, einmal für jeden Tag gewissermaßen; das zumindest haben Experten errechnet.

Auch wenn die Lustbarkeiten der Fastnacht, des Karnevals, des Faschings nicht von der Kirche sanktioniert, sondern nur geduldet werden, sind sie dennoch Teil des Kirchenjahrs. Und Teil seiner gesundheitsfördernden Konzeption. Das Ausgelassensein befreit und gibt jedem das Gefühl, danach aus freiem Willen die Askese zu pflegen.

Und das Gelächter auf einem Faschingsball, beim Tanz der Marktweiber auf dem Münchner Viktualienmarkt, beim Kölner Karnevalsumzug, der die Politiker durch den Kakao zieht, bei den vielen Narrenspiegeln, die in Kleinstädten, sogar in Dörfern den Lokalmatadoren vorgehalten werden, ist sicher nichts, was Gott verboten, sondern erfunden hat: Die Heilkraft des Lachens ist heute völlig unbestritten. Fakten dazu liefern die Geletologen (der Begriff kommt vom griechischen *gelos* = Gelächter), die in ganz unterschiedlichen wissenschaftlichen Disziplinen die Wirkungen des Lachens erforschen, von der Immunologie über die Psychologie bis hin zur Neurologie.

»Lachen kann Schmerzen stillen«, sagt Dr. med. Barbara Wild, Ärztin für Psychiatrie, Humor- und Lachforscherin. »Denn man kann immer nur eine Emotion, nie mehrere gleichzeitig verspüren. Beim Lachen wird der Schmerz in den Hintergrund gedrängt.« Rheuma-Patienten berichteten ihr verblüfft, wie nach einem Lach- und Humortraining die Schmerzen stark nachgelassen hätten. Der Grund für dieses vermeintliche Wunder: Lachen regt die Ausschüttung von Endorphinen an, körpereigene Hormone, die dadurch die Wahrnehmung von Schmerz hemmen, dass sie die Nervenzellen im Rückenmark unempfindlicher machen. Lachen steigert die körperliche Fitness, denn es vertieft die Atmung. Wer lacht, atmet viermal so viel Sauerstoff ein wie sonst.

Wissenschaftler der Universität von Maryland in Baltimore haben herausgefunden, dass Lachen sogar dem Herzinfarkt vorbeugt, denn es beschleunigt den Puls, fördert die Durchblutung und stärkt so das Herz-Kreislauf-System. Nachweisbar dehnt sich beim Lachen das Endothel. Jenes Gewebe, das die Blutgefäße innen auskleidet und eine wesentliche Rolle bei der Entstehung von Arteriosklerose und Gefäßverhärtungen spielt, weil es den Blutfluss, den Innendruck der Blutgefäße und die Blutgerinnung reguliert. Lachen senkt messbar die Stresshormone im Blut, löst Hemmungen und setzt kreative Potenziale frei. Vor allem aber verbessert es die Immunabwehr, was wir im nasskalten Februar nur allzu gut brauchen können. Die körpereigene hormonartige Substanz Gamma-Interferon aktiviert und koordiniert die Produktion von verschiedenen körpereigenen Abwehrstoffen, während sogenannte Killer-T-Zellen bereits infizierte Zellen vernichten. Ein Immunologe aus den USA hat nun festgestellt, dass bei Menschen, die lachen, im Blut die Werte von Gamma-Interferon, Killer-T-Zellen und Antikörpern eklatant zunehmen und auch Tage danach diese Werte noch deutlich erhöht sind.

Es wäre ja gelacht, wenn wir als fromme Christen all diese Vorteile des Lachens nicht genießen dürften. »Einen Himmel ohne Lachen kann ich mir nicht vorstellen«, hat schließlich kein anderer als Filippo Neri gesagt, genannt *pippo buono*, der gute Philipp. Mit dieser Einstellung wurde der Priester und Papstberater nicht nur zum Publikumsliebling Roms und jede seiner Predigten zu einem Ereignis, er wurde auch achtzig Jahre alt und bald nach seinem Tod im Jahr 1595 heiliggesprochen. Goethe verehrte den himmlischen Spaßvogel so sehr, dass er ihn in seiner »Italienischen Reise« zu seinem Lieblingsheiligen ernannte.

Lachen Sie sich also im Fasching gesund. Und tragen Sie diese Heiterkeit in stillerer Form in sich weiter. Denn sie ist auch in der Fastenzeit ein gutes Medikament. Es muss ja nicht immer einen konkreten Anlass geben für das Lachen, schon gar nicht irgendwelche Witze. »Wer grundlos lacht«, hat Ephraim Kishon gesagt, »lacht am besten.«

- ☆ Trainieren Sie es im Fasching, lachbereit zu sein, also bereit, Dinge komisch zu finden. Das erleichtert auch den nicht karnevalesken Alltag ungemein.
- ☆ Üben Sie, über sich selbst zu lachen. Denn das ist eine ziemlich sichere Methode, nicht dem Gelächter anderer ausgesetzt zu werden.

- ☆ Nützen Sie jede Gelegenheit, zu lachen. Warten Sie nicht auf das Glückslos. Lebenskünstler sagen, man müsse lachen, ehe man glücklich ist, damit man nicht stirbt, ohne gelacht zu haben.
- ☆ Lachen Sie andere nicht aus oder nieder – diese Art des Lachens besitzt nämlich keinerlei heilende Nebenwirkung.
- ☆ In den USA bieten Humortrainer bereits großen Konzernen Kurse an, um so das Betriebsklima zu verbessern. Denn das verbessert die Leistungskraft der Mitarbeiter merklich. Versuchen Sie, auch in Ihrem Beruf eine Art Betriebsklimaanlage zu sein, indem Sie Heiterkeit verbreiten.
- ☆ Lachen lockert nicht nur die Gesichtsmuskulatur, es lockert auch verhärtete Gedanken-Strukturen. Wer lacht, sieht seine Situation auf einmal mit ganz anderen Augen. Und findet deshalb oft zu Lösungen, die er vorher gar nicht erkannt hat. Nehmen Sie sich im Karneval also zwischen allen Lustbarkeiten auch einmal Zeit, diese Vorteile des Lachens auszunutzen und auszukosten. F. X. K.

Der Valentinstag am 14. Februar

Was an der Liebe so heilsam ist

Die Priester des frühen Christentums waren kämpferisch und pragmatisch, dem Irdischen genau so nah wie dem Überirdischen. Ihnen war bewusst, dass sie den Menschen nicht alle ihre heidnischen Bräuche und Traditionen austreiben konnten. Also gaben sie den überkommenen Festen, Feiertagen und Riten einfach einen neuen Namen und einen christlichen Inhalt.

Der Valentinstag geht zum Beispiel angeblich auf das Lupercalienfest zurück, das die Römer der Antike zu Ehren des Gottes Lupercus feierten, der eine Variante des Waldgottes Faun war. Die jungen Männer liefen an diesem Tag mit nichts als einem Schurz aus Ziegenfell am nackten Körper auf dem Palatin herum und peitschten – allerdings nur sachte und spielerisch – die jungen Frauen mit Lederstreifen aus Bocksfell, weil das angeblich die Fruchtbarkeit förderte. Sicher ist, dass bereits in der Spätantike der 14. Februar als Gedenktag des heiligen Valentin gefeiert wurde. Welcher Valentin das war unter dem reichen Angebot an Valentins, ist nicht eindeutig zu klären. Neu ist es jedenfalls nicht, dass sich die Männer zu diesem Datum besonders um die Frauen bemühen. Vor allem im 17. und 18. Jahrhundert in England gaben manche Männer bereits ein Vermögen aus, um am 14. Februar die Frau ihres Herzens zu gewinnen.

Nüchterne Menschen fragen sich angesichts roter Herzen in jedem Schaufenster: Wo liegt der Sinn des Flirttermins mitten im Winter? Ist es nicht lächerlich, Zärtlichkeit auf Befehl zu verlangen? Wie fast alle Riten hat auch dieses Fest in genau jener Phase seinen Sinn.

Es geht darum, die Sehnsucht nach Berührung zu befriedigen. Und das ist kein sentimentales, das ist ein höchst vernünftiges Bedürfnis aus Sicht des Heilkundigen. Einseitigkeit ist ungesund, manchmal sogar gefährlich – das gilt für alle Bereiche des Lebens. Sich einseitig zu ernähren, einseitig Sport zu betreiben, sich einseitig zu informieren oder Konflikte einseitig zu betrachten. Einseitigkeit schadet den zwischenmenschlichen Beziehungen, Gegenseitigkeit nützt ihnen. Und Berührung ist immer gegenseitig. Wer berührt, wird berührt. Die Scheu, unsere Sehnsucht nach diesem Hautkontakt einzugestehen, hat paradoxerweise mit dem Körperkult der letzten Jahrzehnte zu tun. Der Körper ist heutzutage zu einem Hightechobjekt geworden. Reparierbar, verbesserbar, veränderbar. Über all dem hat man das Streicheln vergessen. Streicheln – das hört sich ja ineffizient an. Doch es ist nicht nur effizient, es ist überlebensnotwendig. Fast alle großen Ärzte der Antike, ob Hippokrates oder Galen, haben auf die heilende und beglückende Macht der Berührung hingewiesen.

Und auch wenn die Kultur der Massage und der heilenden energetischen Berührung in China, Indien oder Persien immer sehr viel mehr gepflegt wurde als in Europa, spürt jeder, wie Berührung nicht nur der Haut und der Muskulatur, sondern der Seele guttut. Die Deutschen sind wahre Massage-Freaks geworden: An die 70 Millionen Mal lassen sie sich pro Jahr massieren, ob sie sich dabei für Reiki oder Shiatsu, Lomi Lomi

Nui, Reflexzonen- oder Antistress-Massage entscheiden. Berührung ist jedoch mehr als eine Methode zur Entspannung, zur Lösung von Verkrampfungen und Blockaden. Dass sie im Grunde etwas Göttliches ist, zeigt Michelangelos berühmtes Bild von der Erschaffung Adams in der Sixtinischen Kapelle des Vatikan: Die Berührung durch Gottes Zeigefinger erweckt ihn zum Leben.

»Man berührt den Himmel«, hat der Dichter Novalis gesagt, »wenn man einen Menschenleib betastet.« Etwas nüchterner hört sich das Lob des Taktilen aus dem Mund eines Wissenschaftlers an. »Berührungen«, sagt der Biologe Saul Schanberg, »sind wichtiger als Vitamine.« Dass sie für die Gesundheit des Organismus unverzichtbar sind, hat erst die jüngere Forschung nachgewiesen.

Um in den Genuss dieses Heilmittels zu kommen, müssen wir zuerst einmal den Begriff »Streicheleinheit« aus unserem Gedächtnis streichen. Wer ihn erfunden hat, ist unbekannt. Sicher ist, dass dieser dumme Ausdruck den Versuch darstellt, jenes Gefühl des Grenzenauflösens, das beim Streicheln entsteht, wieder zu begrenzen, es messbar zu machen: In abgepackten Einheiten nur, fordert dieser Ausdruck, soll die Berührung abgegeben werden. Das widerspricht allem, was Biologen, Psychologen, Mediziner, Masseure, Neurologen und Naturheilkundler über die Wunderwirkung des Streichelns wissen, die wir uns aus vielerlei Ängstlichkeit versagen. Dabei ist es belegt, dass eine zärtliche Berührung nicht nur Paare, sondern auch Kinder, Eltern, alte Menschen und Kranke glücklich und gesund macht. »Streicheln in der Kindheit gegen Stress im Alter«, hieß die Titelzeile eines Berichts, den die *FAZ* am 12. September 1997 einem Forschungsergebnis widmete, das die sensationelle immunologische und psychologische Wirkung des Streichelns einwandfrei bestätigte. Sogar die kühn klingende Theorie, Streicheln mache Kinder intelligenter, wurde bewiesen.

Dass Tastempfindungen die ersten Sinneswahrnehmungen eines Säugetiers im Mutterleib sind, hat Charles Darwin bereits erkannt. Wenn sich Ferkel oder Welpen um die Zitzen ihrer Mutter balgen, bilden wir uns ein, der erste Instinkt des jungen Säugers gelte der Milch, der Nahrung. Doch jedem Säugling geht es vor allem um die Berührung, wie ein Experiment mit Rhesusaffen bewies, in dem die Äffchen ein Drahtgestell, das Milch gab, verschmähten, und ein mit fellbezogenes Muttermodell, das gar nichts Nahrhaftes zu bieten hatte, vorzogen. Nur ganz kurz gingen sie zum Milchholen aus, um sofort wieder mit der Ersatzmutter, die sich gut anfühlte, zu schmusen. Der Instinkt sagt den Tieren, dass Berührung für ihre Entwicklung von elementarer Bedeutung ist. Suchterkrankungen verschiedenster Art, von Alkohol- bis Tablettensucht, von Nikotin- über Rauschgift- bis Sexsucht haben ihre Wurzeln sehr oft in einem frühen ungestillten Verlangen nach Zärtlichkeit und Berührung. Schließlich ist die Haut unser größtes Organ – mit circa 1,7 Quadratmetern Oberfläche und unser sensibelstes mit rund fünf Millionen Nervenenden und 3000 Hautsinnesorganen pro Quadratzentimeter. Und dieses Organ will versorgt werden. Ich versuche meinen Patienten immer zu erklären, dass allergische und entzündliche Reaktionen der Haut ihr Gutes haben: Sie sind Alarmzeichen, mit denen die Seele um Hilfe schreit, wenn uns etwas zu sehr an die Haut oder unter die Haut geht, wenn der Stress zu viel wird.

Dass durch Streicheln der Stress reduziert wird, ist ein erklärbares Wunder der Natur: Die Druckrezeptoren in der Unterhaut veranlassen nämlich die Ausschüttung von Endorphinen, von körpereigenen Glückshormonen. Jenes besonders freundliche Hormon, das den stimmungsaufhellenden Effekt des Streichelns bewirkt, ist ein Gehirnhormon namens Oxytocin, gerne auch Liebeshormon genannt. Leider hält es sich nur wenige Minuten im Blut, doch das reicht aus, um eine heilende und beruhigende Wirkung auszulösen. Aber auch längerfristig ist Berührung ein grandioses Medikament.

Einer Krankenschwester war in den USA bereits vor dreißig Jahren in einem Experiment mit 76 Patienten der Nachweis gelungen, dass Berührung Heilungsprozesse auslösen kann. Eine Experimentalgruppe von 43 Patienten ließ sich von einem Heiler durch Handauflegen behandeln. Eine Kontrollgruppe von 33 Patienten blieb unbehandelt. Bei beiden Gruppen wurde vorher und nachher das Blut analysiert. Bei den Teilnehmern der Experimentalgruppe hatte das Blut danach einen deutlich höheren Sauerstoffgehalt und deutlich höhere Hämoglobinwerte. Die Krankenschwester entwickelte daraus das Verfahren der »therapeutischen Berührung«, das sie anderen Krankenschwestern beibrachte, die es an verschiedenen New Yorker Krankenhäusern anwandten. Im August 1994 berichtete die Zeitschrift *Psychologie heute* über die in den USA längst populär gewordene Methode und ihre Erfolge. In einer Art meditativem Bewusstseinszustand legen die Krankenschwestern ihre Hände an diejenigen Körperpartien der

Patienten, wo sie eine Ansammlung von Spannungen bemerken. Durch die Berührung, so die Theorie der Erfinderin, lässt die gesunde Person der kranken Energie zukommen und kann so deren gestörte Energie wieder in richtige Bahnen lenken. Jetzt erst, wo die Vorstellung von energetischen Prozessen im Körper nicht mehr als Humbug abgetan wird, gewinnt das Konzept der Krankenschwester aus den 1970er Jahren auch in unserem Lande Interessenten. Die verblüffenden Ergebnisse der therapeutischen Berührung nach neuen Messungen: Das EEG der Patienten zeigt wesentlich mehr Alphawellen mit hohen Amplituden, was auf große Entspannung hinweist. Der Bedarf an schmerzstillenden Mitteln geht danach stark zurück. Alzheimer-Patienten zeigen sich weniger vergesslich. Parkinson-Patienten werden ruhiger. Und das erstaunlichste Erfolgsergebnis durch Berührungstherapie: Das Blut von HIV-Positiven, ob Frauen, Männer oder Kinder, wies nach der Behandlung deutlich mehr Abwehrzellen auf als zuvor, was die medikamentöse Therapie wirkungsvoll unterstützt.

Das, was Ashley Montagu in seinem Klassiker über »Körperkontakt« als »kutane Stimulation« bezeichnet, braucht die Haut am ganzen Körper. Gerade dort, wo wir selten gestreichelt werden – an den Füßen, zum Beispiel –, empfinden wir die Berührung besonders intensiv. Doch sie wirkt auch da, wo wir sie gewohnt sind. Ich habe in meiner Praxis über Jahrzehnte hinweg die Erfahrung gemacht, dass ein Heiler das Wort Be-handlung wörtlich nehmen sollte. Es beginnt damit, dass er den Patienten zur Begrüßung die Hand reicht, statt ihm nur kühl vom Schreibtisch aus ein Nicken zu gönnen. Behandlung im eigentlichen Sinn erfordert Einfühlungsvermögen und Gespür. In meiner Ausbildung musste ich zwei Jahre lang lernen zu massieren, bevor ich zum ersten Mal einen chiropraktischen Eingriff vornehmen durfte. Und ich bin dankbar für diese gründliche Schule. Unbewusst, dessen bin ich sicher, empfindet jeder Mensch eine wohlwollende Berührung als wohltuend. Und es gibt keinen Grund, anderen diesen Liebesdienst zu versagen, dessen wir selbst auch bedürftig sind.

Dass Christus durch Handauflegen heilte, ist aus moderner wissenschaftlicher Sicht durchaus einleuchtend. Denn dass durch Berührung Energien fließen, erscheint zahlreichen Medizinern plausibel. Und dass ein einzigartiger Mensch auch eine einzigartige Wirkung auslösen kann, liegt dann nahe.

»Der Organismus stirbt«, schrieb Ashley Montagu, amerikanischer Anthropologe und Verfasser der schon zitierten Abhandlung über »Körperkontakt«, »wenn die Hautstimulation aufhört.« Einfach deswegen, weil das Nervensystem ohne Berührung rapide verarmt. Umgekehrt kann sie auch in berührungsreichen Zeiten etwas ansparen. Nach Forschungen der US-Amerikanerin Phyllis K. Davis aus den 1990er Jahren »können wir regelrecht auf einem Kuschelkonto ansparen«, also etwas zurücklegen als »ein gewaltiges Kapital gegen Stress«.

Der 14. Februar, der Valentinstag, ist also ein guter Anlass, sich mit jenem Schatz zu beschenken, der nichts kostet, aber unbezahlbar ist. »Liebe geht durch die Haut«, hieß ein Bestseller des Verhaltensforschers Desmond Morris. Der Satz gilt mehr denn je. Und er gilt auch für die Liebe unter Freunden und Familienmitgliedern.

- ☆ Verschenken Sie zum Valentinstag an den oder die Liebste, an den Freund mit Liebeskummer, an die verwitwete Mutter einen Massage-Gutschein.
- ☆ Wenn Sie einen Krankenhausbesuch machen, sitzen Sie nicht steif herum, setzen Sie sich nah ans Bett ran und fassen Sie die Hand, den Arm des Patienten an.
- ☆ Tragen Sie ein kleines Kind in einem Tuch möglichst am Leib, so dass es Ihren Körper spürt.
- ☆ Vergessen Sie nicht, dass gerade alte und einsame Menschen die Berührung brauchen. Lassen Sie es nicht bei einem höflichen Bussi bewenden. Eine Umarmung wirkt Wunder und auch ein geduldiges Streicheln der Unterarme.
- ☆ Schmusen Sie mit Ihren Kindern, Patenkindern oder Enkeln ausgiebig.
- ☆ Geraten Sie mit Ihrem Partner in Streit, dann berühren Sie seine Hand – es wirkt sofort besänftigend. F. X. K.

Fastenzeit

Fastenzeit, gesammelter Blick auf das Ziel

Die Fastenzeit hat ihren Sinn in der Ausrichtung auf das Fest des Kirchenjahres schlechthin, auf Ostern. Sie ist also Vorbereitungszeit und darum nicht zuerst von finsterem Ernst, sondern von Vorfreude geprägt. Das gibt Benedikt in seiner Regel als Ziel aller Übungen dieser Zeit an: »Mit der Freude geistlicher Sehnsucht das heilige Ostern erwarten.«

Oft haben wir freilich das Ziel unseres Weges, den Sinn unseres Lebens aus dem Auge verloren – durch vieles, was am Wegrand uns aufhält, was uns zerstreut und in alle möglichen Richtungen lockt und hin- und herzerrt. Darum tut uns eine Zeit des Innehaltens not, eine Zeit der Sammlung, eine Zeit erneuter Entscheidung für das große Ziel.

Für die Katechumenen, die Taufbewerber, war es die letzte Einweisung für das neue Leben der Taufe, die in der Osternacht gespendet wurde. Für die schon Getauften ist es die Neubesinnung auf das, was »mit Christus sterben und auferstehen« bedeutet. Für die schweren Sünder, die sich von Gott abgewandt haben, war es die besondere Zeit der Buße, d. h. der Umkehr – der neuen Hinwendung zu Gott, dass sie am Gründonnerstag wieder in die volle Gemeinschaft der Christen aufgenommen, mit Gott versöhnt, von ihrer inneren Krankheit geheilt wurden.

Solche Umkehr ist freilich allen nötig. Wir alle brauchen Heilung der seelischen Verletzungen und neue Offenheit für das österliche Heil. Darum wird uns am 2. Fastensonntag im Evangelium das Ziel gezeigt: die Verklärung Jesu auf dem Berg.

O. L.

Fastenzeit, es ist Zeit zu fasten

Warum es bereichert, auf etwas zu verzichten

Kasteien mussten sich die Gläubigen nie, wenn sie mit dem Aschermittwoch zu fasten anfingen. Denn es war von jeher sehr vieles erlaubt, was schmeckt. Wein war zwar untersagt, Bier jedoch genehmigt – das galt wohl von jeher eher als Grundnahrungsmittel. Fleisch war verboten, auch das Geflügel. Fisch jedoch war zugelassen. In seiner Vision davon, ein Priester zu sein, rühmte Wilhelm Busch frech, welche Vorteile das bietet:

Mich plagte nicht des Grübelns Qual,
Der dumme Seelenzwist,
Ich wüsste ein für allemal,
Was an der Sache ist.

Und weil mich denn kein Teufel stört,
So schlief ich recht gesund,
Wär' wohlgenährt und hochverehrt
Und würde kugelrund.

Käm dann die böse Fastenzeit,
So wär' ich fest dabei,
Bis ich mich elend abkasteit
Mit Lachs und Hühnerei.

Beim konsequenten Fasten hätte er sich zwar mit Lachs pur, gerne zu frischem Brot oder Pellkartoffeln begnügen müssen, denn Eier fielen unter die verbotenen Speisen. Aber schlecht wäre es ihm nicht ergangen. Die Fastenzeitrezepte der Salzburger Fürsterzbischöfe aus dem Barock lesen sich wie ein Gourmet-Kochbuch. Da gab es Aalpasteten, Flusskrebsterrinen, Forellen mit Mandeln, Wels mit Wurzelgemüse, Zander und Salm im Weißweinsud. Nach Askese klingt das nicht.

Weil sie sich auf dem Wasser bewegten, wurden mancherorts auch großzügig Enten zum Fisch erklärt und Entenbrüste erlaubt. Solche Konzessionen verschafften den Kirchenfürsten von jeher Sympathien, weil sie bewiesen: Die leben auch gerne und sind nicht von Sturheit gepeinigt. Ausnahmen zuzulassen zeigt Menschlichkeit.

Die Benediktiner-Regel war streng. Sie verbot zum Beispiel nicht nur Fleisch, sondern auch Eier, Käse und Butter. Denn alles tierische Fett war nach den Regeln untersagt. Doch immer schon regierte in der katholischen Kirche die praktische Vernunft: Die Bewohner von Luzern wandten sich im Jahr 1455 hilfesuchend an Papst Kalixt III. und klagten, in ihrem rauhen Klima gedeihe kein Wein, keine Oliven und auch kaum Getreide fürs Brot oder das Bierbrauen. Ob der Heilige Vater nicht so gütig sein könne, ihnen für jetzt und immerdar zu erlauben, in der Fastenzeit und an Fasttagen Butter, Milch und Käse zu erlauben, denn davon hätten sie mehr als genug. Solche Butterbriefe stapelten sich freilich bald im Vatikan. Und meistens wurden die Anträge nachsichtig bewilligt.

Seien Sie zu sich selbst also auch nicht strenger, als Sie es ertragen können. Denn sonst bekommen Sie schlechte Laune.

Schlechte Stimmung ist der psychischen und physischen Verfassung abträglich. Was immer Sie in der Fastenzeit anstellen und umstellen: Sie sollten es gerne tun und aus innerer Überzeugung.

Viele, die heute aus gesundheitlichen Gründen in der Fastenzeit ihre Ernährungsweise verändern, behaupten gerne, sie benutzten die Fastenzeit zum Entschlacken. Das ist ein anschaulicher, nur leider etwas irreführender Ausdruck. Ich benutze ihn selber gern, weiß aber, dass er unscharf ist. Denn Schlacken, also Rückstände, wie sie beim Verbrennen von Kohle verbleiben, gibt es im menschlichen Organismus nicht. Der Körper wird beim strengen Fasten schlicht überflüssiges Wasser und unerwünschte Stoffwechselprodukte los – und das bereits befreit.

Wer also das Fasten nicht als wirklich radikalen Verzicht auf jede Art fester Nahrung betreiben will, profitiert durchaus von dieser klassischen Form der Diät: Sie ist gemüsereich, fischreich, aber absolut fleischlos. Kochen Sie in diesen Wochen nur mit Olivenöl oder anderen pflanzlichen Ölen anstatt mit Butter oder Schmalz. Bereiten Sie sich die Wintergemüse in allen Varianten zu und entdecken Sie für sich die traditionellen, vielerorts vergessenen Fastengerichte wieder. Zum Beispiel die in Österreich so beliebte Karpfensülze. Eine solche Fastenkur schwächt nicht, im Gegenteil: Weil sie reich ist an Vitaminen, Ballaststoffen, ungesättigten Fettsäuren und Fischeiweiß, spendet sie Energie, senkt die Blutfettwerte, fördert die Verdauung, macht schlank und macht Spaß. Vor allem verlangt diese Kost nicht, dass Sie sich schonen oder aus dem beruflichen Alltag ausklinken, was beim strengen Fasten sehr zu empfehlen ist. Wer das von Aschermittwoch bis Ostern durchhalten will, sollte es unbedingt unter ärztlicher Aufsicht tun, sich jede Art Stress vom Leib halten, mit drei Entlastungstagen und Darmreinigung, klassisch mit Glaubersalz, beginnen. Nicht nur Alkohol, auch Kaffee und schwarzer Tee sind beim Fasten tabu, auch Früchtetees. Erlaubt sind nur Wasser, Fenchel-, Malven-, Verbene-, Pfefferminz- oder Kamillentee, eine Gemüsebrühe ohne jede Einlage und ein Glas frisch gepresster Saft pro Tag – mehr nicht, weil zu viel Fruchtsäure die vom Nahrungsbrei ungeschützten Magen-Darmschleimhäute angreifen würde.

Fastenexperten begeistert, wie glasklar der Kopf wird. Denn die Energie, die sonst fürs Verdauen gebraucht wird, ist nun frei verfügbar. Deswegen fasteten alle Religionsstifter vor ihrer großen Aufgabe. Moses fastete vierzig Tage und vierzig Nächte in der Einsamkeit des Sinai, bevor er von Gott die Gesetzestafeln erhielt. Buddha verzichtete auf Essen und wartete unter dem Boddhibaum, einem Feigenbaum, auf die Erleuchtung. Mohammed versagte sich auf dem Berg Hira wie Moses vierzig Tage und vierzig Nächte lang das Essen, dann wurde ihm der Koran offenbart. Und Jesus fastete bekanntlich in der Wüste, um sich vorzubereiten auf seinen Missions- und Leidensweg.

Wer voll im Geschirr steht, sollte dennoch weniger strapaziöse Formen des Verzichts vorziehen. Denn es geht ja vor allem darum, sich aus Abhängigkeiten, die vielleicht schon Suchtcharakter haben, zu lösen, und so ein Gefühl der Freiheit zu erleben. Wenn Sie zu viel Kaffee trinken, lassen Sie ihn in diesen Wochen einmal ganz weg. Wenn Sie süchtig sind auf

Süßes, verkneifen Sie sich das in der Fastenzeit. Und wenn Sie jeden Abend Ihren Wein zum genüsslichen Essen brauchen, steigen Sie einmal auf Wasser oder Gemüsesäfte um. Selbst wenn es nur drei, vier Zigaretten sind, die Sie normalerweise am Tag paffen, sollten die nun in der Packung bleiben.

Neben dem gesundheitlichen, hat jede dieser Maßnahmen den Vorteil, dass dadurch Ihr Selbstwertgefühl steigt. Es befriedigt einfach festzustellen, ich kann aus freien Stücken auf alles verzichten. Eines allerdings ist christliches Gebot: Die gute Laune rauben darf es Ihnen nicht und zur Schau tragen sollten Sie Ihre mehr oder weniger große asketische Bemühung auch nicht. »Wenn ihr fastet, dann macht kein finsteres Gesicht wie die Heuchler«, erklärt Jesus seinen Zuhörern in der Bergpredigt (Matthäus 6,16). »Sie geben sich ein trübseliges Aussehen, damit die Leute merken, dass sie fasten.«

- ☆ Machen Sie aus der Fastenzeit einen privaten Kochkurs. Kaufen Sie sich Bücher über vegetarische Küche und Fischküche. Von vornherein stark gemüseorientiert ist zum Beispiel die indische Küche.
- ☆ Nutzen Sie die Gelegenheit, Ihre Ernährung umzustellen – und damit ein für allemal von Diäten befreit zu sein.
- ☆ Entdecken Sie die Vielfalt der Gemüsesuppen und -eintöpfe – einst eine deutsche Tradition, heute weitgehend vergessen.
- ☆ Die beste Idee für ein gesundes und zugleich köstliches und ästhetisches Gastmahl in der Fastenzeit: Legen Sie sich einen Wok zu und entdecken Sie die Freude daran, am Tisch für sich und Freunde vegetarisch zu kochen. Die

Zutaten werden vorbereitet, bei Tisch wird nur noch gegart und gewürzt. Klassische Gemüsesorten für den Wok, die einzeln auf Platten angerichtet werden: Sojakeimlinge, Radieschensprossen, Lauch in feinen Ringen, Karotten in Scheibchen geschabt und kurz vorgegart, Austernpilze, Champignons, Fenchel, gehobelt, Rettich, geschält und fein geschnitten, Kohlrabi in dünnen Scheiben, Chinakohl, gehobelt. Zuerst immer gehackte Zwiebel in das Öl geben und anschwitzen – das sorgt für Aroma. Würzen mit Sojasauce, Curry, Pfeffer, frischem grünem Koriander. Dazu gibt es weißen Reis.

☆ Jede Illustrierte, jedes Boulevardblatt empfiehlt im Frühjahr Schlankheitskuren, gibt mehr oder weniger funktionierende Tipps für kollektives Abspecken. Oft sind abstruse Diäten Mode, deren gesundheitsschädigende Nebenwirkungen dann ein paar Jahre später entdeckt werden. Und all das bräuchte es nicht. Denn meistens ist der Grund für Übergewicht ein verschütteter Instinkt dafür, was uns guttut. Die Fastenzeit gibt Gelegenheit, diesen Instinkt für das Essen wieder zu wecken, der uns allen nachweislich angeboren ist. Die amerikanische Ärztin Clara Davis versetzte drei Babys, eines erst neun Monate alt, in die Lage, sich selbst auszusuchen, was sie essen wollten. Den drei Kleinstkindern wurde ganz Unterschiedliches angeboten: Gemüse, Fleisch, Lamm, Fisch, Eier, Milch, Gebäck und Obst. Und ohne jede Anleitung suchten sich die Babys genau aus, was sie brauchten für Knochenaufbau, Muskelbildung – woher auch immer sie dieses Wissen haben mochten.

F. X. K.

Die Asche segnen

Aschermittwoch: Das setzt nun freilich besonders für diejenigen, die ausgelassene Faschingstage hinter sich haben, einen jähen, ernsten Akzent. Aber vielleicht braucht gerade rechte und tiefe Freude diesen Wechsel von Freizeit und Arbeit, von Fest und Alltag, von Überschwang und Kargheit. Dauernde Lustigkeit müsste versiegen. Wenn alles jeweils beliebig zur Verfügung steht, wird das Leben nicht reicher, sondern eintönig und arm.

Ich erinnere mich einer Psychologievorlesung von Philipp Lersch am Rosenmontag 1951. Die Studenten durften Fragen über den Fasching stellen. Einer fragte, ob der berühmte Professor den Berliner oder den Münchner Fasching als schöner empfunden habe. Nach einigem Überlegen gab er dem Münchner den Vorzug: In Berlin habe der Fasching keinen Schlusspunkt, sondern versickere allmählich in diesen oder jenen Partys. In München gebe es den Aschermittwoch. Da wird Asche gesegnet und den Gläubigen auf das Haupt gelegt.

Asche – das heißt Vergänglichkeit, Endlichkeit, Bedrohtsein vom Nichts, vom Tod. »Bedenke, Mensch, dass du Staub bist und wieder zum Staub zurückkehren wirst«, lautet einer der Zusprüche bei der Aschenauflegung. Er mahnt zur Besinnung auf die reale Situation des Menschen: Aus nichts ist alles Irdische geworden – aus sich selber tendiert es wieder zu nichts. Wir leben nicht aus uns selber, wir leben von Gott her und auf Gott hin. Darum wenden wir uns ihm zu. Dazu ermahnt uns der andere Zuspruch: »Bekehrt euch und glaubt an das Evangelium«.

O. L.

Der Josephstag am 19. März

Wie die Christen durch Helfen gesünder werden

Wenn Sie wissen wollen, was der Josephstag einmal bewirken sollte und wollte, dann buchen Sie ein Flugticket. Denn die Traditionen am Namensfest des *San Giuseppe* können Sie noch erleben, wenn Sie diesen Tag in Süditalien oder Sizilien feiern. Dort wird am Josephstag den Menschen in der Umgebung geholfen, die bedürftig sind. Arme Nachbarn werden eingekleidet und selbst Händler – Einzelhändler wie Supermärkte – spenden Lebensmittel für diesen Tag. Wo immer gefeiert wird, steht in der Mitte des Raumes ein Tisch mit drei Gedecken für Jesus, Maria und Joseph. Ringsum an den Wänden, auf Regalen, Kommoden oder Beistellmöbeln, werden für alle, die es brauchen, Lebensmittel aufgebaut, dezent zum Mitnehmen. Serviert wird im Zimmer nebenan, meist Preiswertes und Fleischfreies: *Minestrone* mit Linsen, Kichererbsen, getrocknete Bohnen und hausgemachte Pasta. In der apulischen Küche gibt es *Maccheroni col miele* oder *Taralli,* Teigringe aus vielen Eiern und Anislikör oder *Lagane* (nicht etwa Lasagne) *di San Giuseppe*. Ein Nudelgericht, bei dem geschmorte Zwiebeln und Bleichsellerie mit Sardellenfilets, Tomaten, Salz und Pfeffer zu einer Sauce verkocht werden. Das Ganze wird über die Nudeln gegossen, mit Olivenöl beträufelt und mit gerösteten Brotbröseln bestreut.

Generell geht es am Tag des heiligen Joseph darum, selbstlos zu helfen, gerade auch denjenigen, mit denen einen nichts verbindet, keine Verwandtschaft, keine Freundschaft. Nachbarschaftshilfe, jene einfachste und schönste Form sozialer Fürsorge, wird im südlichen Italien an diesem Tag nicht nur geleistet, sie wird gefeiert. Und jener symbolisch gedeckte Tisch für die Heilige Familie sagt jedem: Die sitzen mit dir an der Tafel, auch wenn du der Ärmste der Armen sein solltest. Das ist deine wunderbare Tischgesellschaft, denn die scheiden nicht in Arm und Reich, in Wichtig und Nichtig.

Als dieser schöne Brauch entstand, wussten die Menschen noch lange nichts von dem, was Allan Luks, ein international anerkannter Experte für freiwillige Hilfsdienste, erforscht hat. Weil er davon überzeugt ist, dass der Drang, helfen zu wollen, in uns genetisch verankert ist und nur unter alltäglichen Pflichten in Vergessenheit gerät, wollte er erkunden, was das ganz und gar freiwillige Helfen eigentlich physiologisch bei uns auslöst, was währenddessen im Körper vor sich geht. Und Luks machte eine spannende Entdeckung: 95 % der Menschen, die regelmäßig Kranken, Alten, Behinderten oder Verarmten helfen, und seien es nur zwei Stunden pro Woche, erleben ein ganz besonderes Glücksgefühl: »Ein sehr intensives Glücksgefühl, ähnlich einem euphorischen Rauschzustand«, wie Luks sagt, bei dem auch eine kräftige Endorphinausschüttung eine Rolle spielt. Alle Helfer empfinden eine angenehme Wärme im ganzen Körper, die durch vermehrte Energie entsteht und sich stresslindernd auswirkt und die eigenen Beschwerden wie Kopfweh oder Rückenschmerzen völlig vergessen lässt. »Helper's High« nennt Luks dieses Hochgefühl, das verblüffenderweise bei 80 % der Helfenden für geraume Zeit vorhält. Nicht nur während des Einsatzes fühlen sie sich glücklich.

Die meisten beflügelt das »Helper's High« den ganzen Tag über, manche sogar noch länger. Die Rede ist hier nicht allein von einem subjektiven Wohlbefinden, ganz objektiv geht es dem, der hilft, besser als sonst. Seine Muskulatur entspannt sich, der Blutdruck, sonst eher zu niedrig oder zu hoch, normalisiert sich. Luks hat in sämtlichen Untersuchungen dasselbe registriert: Bei den Helfern stellt sich innere Ruhe und Gelöstheit ein und ihr Selbstwertgefühl wächst. Und das Erstaunliche: Als sollte das selbstlose Helfen noch mehr belohnt werden, stärkt es auch die Immunabwehr des Helfers.

Das alles funktioniert jedoch nur, wenn die Hilfsdienste geleistet werden ohne das Gefühl, dazu verpflichtet zu sein. In solchen Fällen ist oft Erschöpfung, Frustration, sogar Aggression die Folge. Jenes »Helper's High« wird uns durch genau jene Art der Nachbarschaftshilfe beschert, wie sie unsere mediterranen Freunde noch immer pflegen. Der Josephstag sollte uns dazu ermuntern.

☆ In vielen Städten gibt es mittlerweile Organisationen, die Obdachlosen gezielt in eine geordnete Existenz und in ein eigenes Heim zurück helfen. In München gibt es beispielsweise den Verein B.I.S.S. (= Bürger in sozialen Schwierigkeiten), der Aktionen organisiert. Er finanziert sich teilweise aus sehr gut gemachten Magazinen, die an der Straße, in Cafés und Gasthäusern verkauft werden. Viele Bürger haben ihren speziellen Verkäufer, ihre Verkäuferin, sie sind quasi deren Stammkunde. Warum nicht ihn oder sie am Josephstag einmal zum Essen einladen – sei es in ein nettes Lokal um die Ecke, sei es nach Hause.

☆ Obdachlosen-Organisationen, die kostenlos Essen verteilen, sind eine unspektakuläre, aber ungeheuer wirkungsvolle Art der Hilfe. Dort werden ständig Menschen gebraucht, die Geld für die Nahrungsmittel spenden, auch mal Suppen oder Eintöpfe kochen und verteilen. Wollen Sie es einmal am Feiertag des heiligen Joseph probieren – und vielleicht immer öfter diesen Dienst tun?

☆ Leider nimmt die Zahl von Kindern mittelloser Eltern und auch von Straßenkindern, die gar kein Dach über dem Kopf haben, bedrohlich zu. Vereine wie *Ghetto Kids* in München, die sich um diese Kinder kümmern, brauchen dringend Unterstützung, nicht nur finanzielle, auch tätige, lebendige, hautnahe. Und unkonventionelle Aktionen sind dort durchaus willkommen. Denn die Kinder brauchen nicht nur das Überlebensnotwendige, sondern auch mal Spaß. Wenden Sie sich an eine der lokalen Institutionen und laden Sie zwanzig Kinder in die Eisdiele oder zum Spaghetti-Essen ein. F. X. K.

Die Wüste bestehen

Die vierzig Tage der Fastenzeit erinnern an das vierzigtätige Fasten Jesu in der Wüste, in die ihn »der Geist« geführt hatte und in der der Versucher an ihn herantrat. Sie erinnern an die Grunderfahrung Israels: »Du sollst an den ganzen Weg denken, den der Herr, dein Gott, dich während dieser vierzig Jahre geführt hat, um dich gefügig zu machen und dich zu prüfen« (Dtn 8,2). Und Gott hat immer wieder sein Volk oder Einzelne wie den Propheten Elia in die Wüste geführt, um sie aus allen Verirrungen neu für den Leben bringenden Bund zu bereiten.

Alfred Delp schreibt 1945 im Gefängnis vor seiner Hinrichtung: »Die großen Aufbrüche der Menschheit und des Menschen werden in der Wüste entschieden. Sie haben ihren Sinn und ihren Segen, die großen, leeren Räume, die den Menschen allein mit dem Wirklichen lassen. Es steht schlimm um ein Leben, wenn es die Wüste nicht besteht oder sie meidet.«

Auch wir brauchen die leeren Räume – wo nichts anderes mehr unseren Blick verstellt zwischen Himmel und Erde, wo wir uns den eigenen Wirklichkeiten stellen können und müssen, ohne in die vielen Ablenkungen unserer Konsumwelt zu flüchten, wo wir aus den Zwängen der Leistungsgesellschaft befreit werden. Wir brauchen diese Zeiten, in denen wir uns lösen aus den vielen Verpflichtungen und aus den vielen Zerstreuungen. Wir brauchen Wüstentage, in denen wir das Bittere unseres eigenen Elends wahrnehmen, aber auch offen werden für die Stimme der Wahrheit in uns, die Stimme dessen, der es ganz gut mit uns meint und der uns neue Lebendigkeit verheißt.

Fasten ist solches Leerwerden, zunächst des Leibes. Wir sind übersättigt, beschwert und haben unsere Beweglichkeit und Leichtigkeit verloren. Wir tragen Giftstoffe in uns, die uns müde und krank machen. Wenn nicht uns aufgezwungene Not oder Krankheit von Übergewicht und Schadstoffen befreien, bringt das der freiwillige Verzicht. Aller Verzicht, alle Askese, Übung und Entsagung haben den einen Sinn: zu befreien. Verzicht auf leibliche Nahrung, auf Genussmittel, aber auch auf das, was unseren Geist beschwert oder zerstreut, auf Medienkonsum oder Überaktivität befreit von Abhängigkeit, von Beschwernis und Sinnlosigkeit, macht froh und erlöst.

Darum macht der Verzichtende kein finsteres und trauriges Gesicht, sondern ein freudiges – wie es der Herr im Evangelium verlangt. »Durch das Fasten des Leibes hältst du die Sünde nieder, erhebst du den Geist, gibst du uns die Kraft«, heißt es in einer der Präfationen der Fastenzeit. In einer anderen: »Die Entsagung mindert in uns die Selbstsucht und öffnet unser Herz für die Armen.« O. L.

Passion betrachten – Leiden annehmen

Zur Gesundung des Menschen gehört zunächst die Diagnose, die Feststellung dessen, was fehlt, das Anschauen der Krankheit. Manche Meditationsmeister lehren, man solle nur Gutes und Schönes betrachten, um die Seele gesunden zu lassen. Da scheinen alle Passionsbetrachtungen, Kreuzwegandachten, die Kreuzverehrung des Karfreitags, ja schon alle Darstellungen des Gekreuzigten fehl am Platz. Aber dürfen und können wir einfach vom Elend der Welt, von der tödlichen Bedrohung des Menschen, von eigener Krankheit und Not wegschauen? Können wir unsere Ängste, unsere Schwächen, unseren Schatten einfach verdrängen? Ein wichtiger Schritt zur Heilung ist es, sich auch dem Dunklen und Krankmachenden zu stellen, es zur Sprache zu bringen.

Die Passion Christi stellt uns vor Augen, was Menschen anderen Menschen antun können, was ein Mensch an Leid, an Schmach, an Verwerfung und Verlassenheit erfahren muss. Aber da wir dabei auf Jesus blicken, erfahren wir: Hier ist ja der ganz Gute, hier ist Gott selber. Er solidarisiert sich mit unserem Elend, er hat unsere Krankheit auf sich genommen. Gott ist auch im schlimmsten Leiden und in der Todesnot nicht fern, sondern mittendrin und führt durch das Leiden und Sterben in die Herrlichkeit der Auferstehung.

Die Betrachtung des verspotteten und zu Tode gequälten Jesus hilft uns, vor dem Dunklen nicht zu flüchten, es zu verdrängen, sondern es als Weg zu sehen und anzunehmen. Wir brauchen und sollen uns keine Leiden herbeisehnen und sie selber suchen, aber wir können zu dem, was uns auferlegt wird, das Ja der Bereitschaft sprechen. Christus hat gewiss Kranke geheilt, damit wir alle an die heilende Kraft Gottes glauben. Aber Christus hat nicht eine Welt ohne Krankheit, ohne Konflikte, ohne Schwierigkeiten gebracht, sondern den Weg der Erniedrigung als Weg zur Erhöhung erwiesen.

Das Geheimnis des Leidens wird zum Geheimnis der Liebe. Wer liebt, der leidet an dieser zerbrechlichen und unvollkommenen Welt, aber solche Liebe macht weiter und klarer. Wer etwa die Kreuzwegstationen betend mitvollzieht, sieht alles Unrecht der Welt, sieht, wie einer für uns, an uns, mit uns leidet, aber er sieht es als Weg, der zur wahren Freiheit führt. Wer die Karwoche innerlich mitvollzieht, wird mit der Passion Christi konfrontiert, aber blickt auf Ostern hin, auf die Verwandlung des Gemarterten in die Gestalt dessen, der die Lebendigkeit und den Glanz der Auferstehung in sich trägt. So ist auch mein Leiden, meine Krankheit eine Herausforderung, mich dem anzuvertrauen, der mein Leben zur Vollendung bringt.

O. L.

Palmsonntag

Wie sich in Palmsonntagsbräuchen Heilwissen verrät

»Also ich bitte Sie, da steckt doch jede Menge Aberglauben in den ganzen kirchlichen Traditionen.« Das bekomme ich oft von Menschen zu hören, die sich darüber wundern, wie ernst ich das alles nehme. »Stimmt«, sage ich, »aber wenn Sie daran glauben, dass eine bestimme Uhr, ein Auto oder bestimmte Kleider die einzig wichtigen und richtigen sind – was ist das anderes als Aberglauben? Da verfallen Sie doch auch dem magischen Denken.«

Glauben versetzt Berge, heißt es. Im Volksglauben besitzen Zweige, die am Palmsonntag geweiht werden, magische Kräfte: Sie sollen imstande sein, Gefahren und Schäden vom Haus und seinen Bewohnern abzuwenden. Und es soll die Menschen vor Krankheiten schützen, wenn sie Knospen und junge Triebe essen. Das kann ich aus naturheilkundlicher Sicht nicht bestätigen, aus psychologischer aber schon. Es geht eben wieder einmal um die vielzitierte Autosuggestion. Doch es gibt einen anderen Brauch an diesem Tag, der heute fast vergessen ist, der jedoch ganz im Sinn der modernen Psychotherapie funktioniert. Früher war es üblich, in den Palmbuschen Ysop-Zweige hineinzubinden, denn einst wuchs der Ysop-Strauch mit seinen lanzettförmigen Blättern und den kleinen violetten Blüten in jedem Bauerngarten und in jedem Klostergarten. Dass Ysop-Zweige eine so wichtige Rolle spielen durften, hatte selbstverständlich vor allem symbolische Gründe. Denn im Johannes-Evangelium steht, der Essigschwamm, der dem sterbenden Jesus an die Lippen gedrückt wurden, habe auf einem Ysop-Zweig gesteckt. »Entsündige mich mit Ysop, dass ich rein werde; wasche mich, dass ich weiß werde wie Schnee«, heißt es in Psalm 51, Vers 9. Der Ysop (*hyssopus officinalis*) gehört zu den Mysterienpflanzen des Altertums und war nicht erst den Christen, sondern bereits den Juden heilig: Elf Mal wird der Ysop in der Bibel als *Esobh* erwähnt. Und von jeher wurde der Pflanze mit den tiefblauen Blüten viel zugetraut. Vielleicht dieses klaren Blaus wegen glaubte man immer schon, Ysop kläre die Gedanken. Doch die Ärzte der Antike, ob Dioscurides, Galen oder Hippokrates, empfahlen ganz sachlich, Ysop wegen seiner heilenden Wirkung auf die Atemwege zu verwenden. »Bläulicher Ysop reinigt die Brust vom schädlichen Schleime. Dienlich ist der Absud der Pflanze, vermengt mit Honig«, so steht es in einem Text der Medizinschule aus Salerno, niedergeschrieben im Jahr 1066. Und die Naturheilkunde heute bestätigt das: Ysop-Essenz kann zähen Schleim lösen. Weil eingenommenes Ysop-Öl über die Lungen ausgeschieden wird, gilt es als ideales Mittel gegen Bronchitis und Husten. Denn Ysop enthält Ketone, Pinen, Geraniol, Boneol, Thujon und Phellandren.

Speziell in unseren Breiten macht sich nach einem ersten Erwachen des Frühlings, meist um Mariae Lichtmess Anfang Februar, in der Zeit vor und um Ostern, der Winter noch einmal deutlich bemerkbar. Mir kommt es manchmal so vor, als seien weiße Ostern häufiger als weiße Weihnachten. Doch ausgehungert auf das Frühjahr ziehen wir uns dann meist zu leicht an. Atemwegsbeschwerden sind also ganz typisch für diese Zeit. Und so scheint in dem frommen Brauch, am Palm-

sonntag Ysop zu pflücken, auch ein Stück gesunder Erfahrungswissenschaft zu stecken.

- ☆ Haben Kinder Husten, verhilft ihnen eine Aromatherapie zu ruhigeren Nächten. Dafür lassen sie über Nacht im Kinderzimmer eine elektrische Duftlampe mit nach Vorschrift verdünntem Ysop-Öl brennen.
- ☆ Als Husten lösende Essenz nehmen Erwachsene zwei- bis dreimal täglich Ysop-Essenz, vermischt mit flüssigem Honig ein.
- ☆ Dioscurides empfahl, Ysop in Wein einzunehmen. Verrühren Sie dazu ein paar Tropfen Ysop-Öl mit flüssigem Honig und lösen Sie das Ganze in 1 l leicht erwärmtem Rotwein und trinken Sie davon täglich ein Likörglas voll.
- ☆ Der französische Kräuterlikör Chartreuse, benannt nach dem gleichnamigen Stamm-Kloster der Kartäuser, enthält eine kräftige Dosis Ysop. Bitte nehmen Sie das nicht als Freibrief dafür, sich einen Chartreuse-Rausch anzutrinken, sondern als Anregung, diesen Likör zum Beispiel für Saucen in der Küche zu verwenden. Oder ihn sich als kleinen Digestif zu gönnen. F. X. K.

Gründonnerstag

Welche segensreichen Wirkungen den Geschmack der bitteren Kräuter versüßen

Er hat nicht immer so geheißen. Erst seit dem 13. Jahrhundert trägt dieser Donnerstag vor Ostern seinen grünen Namen. An diesem Tag grünes Gemüse zu essen, Spinat oder Mangold, Broccoli oder Grünkohl oder auch unreif, also grün geerntetes Getreide wie Grünkern, ist zwar gesund, hat jedoch mit dem Namen »Gründonnerstag« nichts zu tun. Der Gründonnerstag heißt so, weil sich sein Name wahrscheinlich vom Grienen herleitet, im neueren Deutsch Greinen, also vom Wehklagen und Weinen der Büßer, die nach altem Brauch an diesem Tag wieder in die Gemeinschaft der Kirche eingegliedert wurden. Grün war im Mittelalter allerdings wirklich die Farbe der Messgewänder, die an diesem Tag getragen wurden.

Deutungen hin oder her: Grün ist eine Farbe voller Symbolik. Sie steht für die Unerfahrenheit und Unschuld. Aber auch für Vitalität und das Aufsprießen neuen Lebens. Und diese Vitalität steckt zuerst einmal in den Frühlingskräutern. Kräuter wiederum gehören auch aus biblischer Sicht zum Gründonnerstag bzw. dem jüdischen Pessachfest. Denn das Abschiedsmahl, das Jesus mit seinen Jüngern feierte, entsprach dem Pessach- oder Passahfest, an dem die Juden ihrer Befreiung aus ägyptischer Gefangenschaft und ihres wunderbaren Zuges durch das Rote Meer gedenken. Das Pessachfest beginnt mit dem Seder, der Feier in der ersten Pessach-

Nacht. Er wird im Familien- und Freundeskreis – am Seder soll keiner allein sein – nach einer strengen rituellen Ordnung abgehalten, die angeblich auf Rabbi Gamliel II. zurückgeht, der im ersten Jahrhundert nach Christus lebte. »Wer zu Pessach nicht die drei Worte *Pessach, Mazza* und *Maror* ausgesprochen hat«, soll dieser Rabbi gesagt haben, »der hat seiner Pflicht nicht Genüge getan.«

Mit *Pessach* ist das Pessach-Lamm gemeint, mit *Mazza* das ungesäuerte Brot, auch *Mazzes* genannt, und mit *Maror* die bitteren Kräuter. Jedes Detail am Seder hat seine Bedeutung und alles, was zwischen den Segenssprüchen, die über vier Bechern Wein gesprochen werden, und der Lesung der *Haggadah,* dem Bericht vom Auszug aus Ägypten, und dem *Hallel,* dem Dankgebet für die Befreiung, auf den Tisch kommt, ist unverzichtbarer Teil des Ritus. Salzwasser steht für die in Ägypten vergossenen Tränen, grüne Kräuter wie Petersilie, Kresse oder Feldsalat stehen für die lebensnotwendigen Früchte der Erde, die den Juden dort versagt wurden, *Charoset,* ein Fruchtbrei mit gemahlenen Nüssen oder Mandeln, symbolisiert den Schlamm, aus dem die jüdischen Sklaven Ziegel brennen mussten, der Wein das Blut der Opfertiere, und *S'roah,* das gebratene Huhn oder Lamm das Pessach-Opfer im heiligen Tempel Jerusalems. Das Brot darf aus zwei Gründen keinen Sauerteig enthalten: erstens weil dem alttestamentarischen Brauch zufolge eine Opfergabe niemals *Chamez,* also Treibmittel enthalten darf, das als symbolisch für die bösen Triebe des Herzens gilt, zweitens aber weil es an jenes Brot erinnert, das die Kinder Israels vor der Flucht schnell noch gebacken hatten, bevor der Teig sauer war. *Maror*, die bitteren Kräuter, sollen an die bitteren Erfahrungen in Gefangenschaft gemahnen.

Jesus hat die wesentlichen Teile dieses rituellen Mahls übernommen, nur das Lamm weggelassen – was später so gedeutet wurde, dass er selbst für jenes Opferlamm stehe. Die grünen und bitteren Kräuter jedenfalls hat es beim Abendmahl Christi gegeben. Und sie am Gründonnerstag in irgendeiner Form aufzutischen, ist auch diätetisch eine sinnvolle Idee.

Um die segensreiche Wirkung der Bitterstoffe, wie sie auch in bitteren Wurzeln wie Angelika (Engelwurz), Kurkuma (Gelbwurz) oder Meerrettich enthalten sind, wusste bereits Hildegard von Bingen, die heilkundige Mystikerin des Mittelalters, doch wir haben sie erst jetzt wiederentdeckt.

2001 sprachen auf dem Heilpraktiker-Kongress in Karlsruhe prominente Ernährungsexperten über einen uralten Fettverbrenner, der zugleich die Verdauung anregt: die Bitterstoffe in der vegetarischen Kost. Sofort warf sich die Presse auf dieses Thema, als handle es sich um ein brandheißes Forschungsergebnis. Und das ist gut so, denn vielleicht hilft es, wertvolles Wissen vor dem Vergessenwerden zu bewahren. Wie bitter schmeckt, wissen nämlich viele Menschen gar nicht mehr, denn fast alles, was sie zu sich nehmen, ist süß, salzig oder sauer. Bittere Aromen sind mehr und mehr aus unserer Nahrung eliminiert worden. Durch die Mc-Donaldisierung des Essens sind viele schon von Kind auf daran gewöhnt, dass alles leicht süßlich schmeckt, bestenfalls noch pikant. Zu Recht erklärte unser Vorschmecker der Nation Wolfram Siebeck schon vor Jahren, es sei doch eigentlich pervers, dass die Züchter stolz darauf sind, dem Spargel seinen typischen bitteren Geschmack auszutreiben, weil es dann besser ankommt. Auch Chicorée und Rosenkohl, Radicchio oder Artischocken schmecken heute entschieden weniger bitter als früher. »Der Verbraucher will das so«, heißt es. Er wollte es sicher nicht, wenn er wüsste, dass Bitterstoffe nicht nur für die geschmackliche Vielfalt ihre Bedeutung haben, sondern vor allem für die körperliche Gesundheit, angefangen beim richtigen Gewicht. Bittere Inhaltsstoffe führen sehr viel schneller als andere Aromen zu einem Sättigungsgefühl. Süß macht süchtig, bitter macht satt. Und bittere Nahrungsmittel enthalten sehr viel weniger Kalorien als süße. Doch damit nicht genug. Die Wirkung von Bitterstoffen, wie sie in ganz alltäglichen Kräutern, Gemüsen und Wurzeln enthalten sind, ist für den gesamten Verdauungsapparat heilsam.

Ursel Bühring, die Leiterin der Heilpflanzenschule in Freiburg im Breisgau, gerät geradezu ins Schwärmen, wenn sie davon spricht. »Sie regen die gesamte Verdauungstätigkeit spürbar an. Die Magen-Darmbewegung (= Peristaltik) wird gesteigert, die Magenentleerung wird beschleunigt, die Ausschüttung von Gallen- und Pankreassaft wird stimuliert, was die Verdauung von Eiweißen, Kohlehydraten und Fetten verbessert. Außerdem wirken Bitterstoffe leicht abführend, verhindern Blähungen und hemmen Gärungs- und Fäulnisprozesse im Darm.«

Dass sich Ursel Bühring für die bitter schmeckenden Medikamente aus der Naturapotheke derart begeistert, hat noch weitere Gründe. Indem Bitterstoffe nämlich die Resorption von Vitamin B_{12} aus dem Verdauungstrakt verbessern, unterstützen sie die Blutbildung. Zudem fördern sie die Resorption der wertvollen fettlöslichen Vitamine A, D, E und K sowie von Eisen.

Zudem können Bitterstoffe, wenn sie zur Alltagskost gehören, die Leber stärken, den Stoffwechsel verbessern und langfristig die Cholesterinwerte senken.

In meinem Praxisalltag gibt es jedoch noch einen anderen Grund, für eine ausreichend bittere Ernährung zu werben: Der Großteil meiner Patienten leidet an einer Übersäuerung des Körpers. Und der wirken Bitterstoffe höchst effizient entgegen, weil sie basenbildend sind.

Nicht nur physisch, auch psychisch sind diese natürlichen Ingredienzen wahre Wundermittel: Falls Sie vom Alltag verbittert, antriebslos und lustlos sind, helfen dagegen ausgerechnet Bitterstoffe. Denn durch ihre tonisierenden Eigenschaften wirken sie anregend und geben neue Spannkraft.

Genug der möglichen Wunder? Keineswegs. Den neuesten Forschungen zufolge können Bitterstoffe sogar der Krebsprophylaxe dienlich sein: Manche von ihnen wie zum Beispiel das Glucosinolat Sinigrin unterdrücken die Entstehung von Zellen, die Vorläufer von Krebszellen sind. Bei so vielen Heilkräften wird aus jedem bitteren Kraut eine Delikatesse für den Körper. Und für die Zunge.

- ☆ Entdecken Sie, wie köstlich Chicorée schmeckt. Zum Beispiel als Salat mit einer Joghurtmarinade, Orangenfilets und Walnuss-Stückchen.
- ☆ Um Ostern herum ist der junge Löwenzahn wunderbar zart. Ein delikater Salat, zu dem gut angeröstete Graubrotwürfel passen. Löwenzahn ist besonders Menschen zu

empfehlen, die mit Blasen- und Nierenleiden zu kämpfen haben.

- Wenn Sie gerne gemischten Salat essen, geben Sie regelmäßig etwas Rucola (= Rauke) dazu. Besonders gut verträgt sich Rucola-Salat geschmacklich mit rohen Champignons. Verzichten Sie auf ein Dressing, geben Sie nur Salz, Pfeffer, ein fruchtiges Olivenöl an den Salat und hobeln Sie frischen Parmesan darüber. Andere überall erhältliche Bittersalate: Radicchio und Endivie.
- Es gibt auch nicht grüne, gesunde Bittersäfte: Grapefruitsaft zum Beispiel.
- Wenn Sie wirklich einen Digestif brauchen, dann nehmen Sie einen, der Ihre Verdauung anregt. Keinen (sic) Grappa, keinen Weinbrand, sondern einen Bitter: einen Magenbitter, einen Kräuterlikör, wie die Italiener ihn lieben, oder einen Artischocken-Likör.
- Verwenden Sie bittere Kräuter so vielfältig wie möglich. Salbeiblätter, im heißen Öl oder Butterschmalz herausgebacken, sind eine Delikatesse.
- Neben Meerrettich, Gelbwurz und Angelika ist auch Ingwer eine Wurzel, die sehr viele Bitterstoffe enthält. Marinierter Ingwer, wie er in asiatischen Feinkostläden erhältlich ist, passt wunderbar zu Sushi, Sahimi, aber auch zu kurz gebratenem Thunfisch. Frischer Ingwer, gemahlen, veredelt Gemüsegerichte, besonders harmonisch die asiatischen aus dem Wok. Und die bequemste Lösung heißt Ingwergewürz. Es wirkt allerdings wesentlich weniger als die frisch geriebene Knolle.
- Eine einfache Lösung für den gesunden bitteren Imbiss:

Besorgen Sie sich einen Pesto aus Rucola und streichen Sie ihn auf ein dünn gebuttertes Vollkornbrot. Falls Sie Rucola-Pesto selbst zubereiten wollen: Einfach die gewaschenen Blätter mit frisch (!) geriebenem Parmesan, etwas zerriebenem oder durch die Presse gedrücktem Knoblauch, Pinienkernen und Olivenöl pürieren und nach Bedarf salzen.

☆ Biblisch ist ein leichtes, grünes Gericht: » …gebe ich alles grüne Kraut zur Nahrung«, heißt es in 1. Mose 1,30. Vermengen Sie dazu geschälte, klein geschnittene Salatgurken mit Vollmilchjoghurt, gehackten Kräutern (Petersilie, grünem Koriander, Dill, Minze, Zwiebellauch, Rucola, Löwenzahn und jungem Grün vom Senf) und etwas fein gehacktem rohem Fenchel. F. X. K.

Ostern

Das Osterfest

Das Kirchenjahr hat einen Höhepunkt, das ist Ostern. Auch wenn für viele das Jahr um andere Schwerpunkte zu kreisen scheint, um den Sommerurlaub oder den Fasching oder für viele Christen auch das Weihnachtsfest, ist Ostern, der Sonntag nach dem ersten Frühlingsmond, das zentrale Fest des Glaubens, der Hoffnung und der unbesiegbaren Liebe. Es wird vorbereitet von den vierzig Tagen der österlichen Bußzeit. Es wird gefeiert als die eine große Osterwoche bis zum Weißen Sonntag, als die Heiligen Fünfzig Tage, in denen das Geheimnis der Auferstehung vor Augen steht bis zu der Vollendung in der Geistmitteilung von Pfingsten.

Darum ist für uns so wichtig, dass wir dieses Fest aus ganzem Herzen mitfeiern und sein Glanz das ganze Jahr erhellt. Darum heißt es im Lobpreis der Osternacht: »Dies ist die Nacht, von der geschrieben steht: die Nacht wird hell wie der Tag, wie strahlendes Licht wird die Nacht mich umgeben. Der Glanz dieser heiligen Nacht nimmt den Frevel hinweg, reinigt von Schuld, gibt den Sündern die Unschuld, den Trauernden Freude. Weit vertreibt sie den Hass, sie einigt die Herzen und beugt die Gewalten.«

Das Osterfest nimmt das Paschafest Israels in sich auf, die Nacht der Befreiung aus dem Sklavenhaus Ägypten, da das Blut des Lammes vor dem Untergang bewahrt, da Israel durch die Fluten des Roten Meeres trockenen Fußes geführt wird. Die eine große Feier, die mit dem Abendmahl am Gründonnerstagabend beginnt, sich fortsetzt in die Verehrung des Kreuzes am Karfreitag und in die Stille der Grabesruhe am Karsamstag, führt in der Osternacht zur zentralen Botschaft: Christus ist auferstanden, der Tod hat keine Macht mehr über ihn. Und so dürfen wir glauben, »dass auch wir mit ihm leben werden« (Röm 6, 8).

Darum wird die Osterkerze am Osterfeuer entzündet und in das Dunkel des Kirchenraumes getragen. Darum wird sie in das Wasser gesenkt, damit es geweiht wird zur Taufe neuer Christen. Und alle erneuern ihr Bekenntnis zum Leben. Wenn nach dem Gottesdienst Speisen gesegnet werden, bedeutet dies, dass das Osterereignis den ganzen Lebensraum erhellt und verwandelt.

O. L.

Karfreitag und Karsamstag

Wie heilsam tiefe Trauer sein kann

Kaum einer weiß, woher die erste Wortsilbe von Karfreitag und Karsamstag stammt: sie leitet sich ab von dem althochdeutschen Wort *chara* für Trauer oder Klage. Das hört sich weder stimmungsaufhellend noch gesundheitsfördernd an. Und doch ist es so.

Wenn wir einen uns geliebten Menschen verlieren, sehen wir uns oft überfordert vom Ansturm der Gefühle und dem gleichzeitigen Erschrecken vor der Leere. Wir wissen, dass wir Trauerarbeit leisten müssen, aber wir sind in dieser Arbeit nicht geübt. »Die meisten Menschen können ebensowenig trauern, wie sie lieben können«, hat Erich Fromm, Autor des legendären Bestsellers »Die Kunst zu lieben«, einmal in einem Interview gesagt. Der Grund: »Trauer und Liebe erfordern beide ein Erlebnis der Kraft, der inneren Lebendigkeit, sonst bleibt man letzten Endes stumm oder stumpf.«

Der Karfreitag und der Karsamstag bieten in jedem Jahr die Gelegenheit, tiefste Trauer und höchste Feierlichkeit bewusst zu erleben und sich durch das kollektive, das gemeinsame rituelle Trauern auf das private individuelle Trauern vorzubereiten. Gerade in ländlichen Gemeinden hat sich noch manches vom alten Brauchtum erhalten, das aus diesen beiden Tagen etwas Besonderes macht: Die Glocken schweigen. Stattdessen rufen Holzklappern und Ratschen zum Gottesdienst. Vor Ostern wird häufig am Karfreitag und Karsamstag, in vielen Kirchen Passionsmusik aufgeführt. Die berühmten

Passionswerke von Johann Sebastian Bach, Georg Friedrich Händel, Georg Philipp Telemann oder die ergreifende Lukaspassion des Gegenwartskomponisten Krzysztof Penderecki. Ich selber bin kein musikalisch gebildeter Mensch, trotzdem empfinde ich die zahllosen, oft erst jetzt wiederentdeckten Vertonungen des Passionstextes als das Ergreifendste, was die großen Komponisten geschaffen haben. Mir kommt es so vor, als seien manche von ihnen angesichts dieser Leidensgeschichte geradezu über sich hinausgewachsen. Weil ich es liebe, am Karfreitag in einer der vielen schönen bayrischen Kirchen Passionsmusik zu hören, habe ich auch weniger bekannte Barockmeister kennenlernen dürfen, die anrührende Werke geschaffen haben.

Ich empfehle gerade denjenigen meiner Patienten, die zur Depressivität neigen, wenigstens den Karfreitag und Karsamstag bewusst zu erleben. Denn das Erleben dieser Musik besitzt eine heilsame und stimmungsaufhellende Wirkung. »Trauer ist – klinisch gesprochen – das genaue Gegenteil von Depression«, hat der Psychiater Erich Fromm erkannt. Denn: »Depression ist die Unfähigkeit zu trauern.« Die zu überwinden, dafür sind die Kartage sehr gut geeignet. Die Musik zur Passionszeit life zu hören, hat etwas Kathartisches, löst einen seelischen Reinigungsprozess aus. Und die Trauer, das Mit-Leiden schwemmt Sorgen über Unwesentliches, zu wichtig genommene Streitigkeiten und kleine, groß aufgebauschte Ängste aus uns heraus. In diesem ganz leer und frei gewordenen Inneren erwachen dann neue Energien. Pünktlich zu Ostern feiern diese Kräfte Auferstehung. F. X. K.

Osterfest und Osterbräuche

Warum die Osterbräuche Kopf und Körper nutzen

Was fällt Ihnen zum Stichwort österliche Traditionen ein? Eier und Hasen. Das belegt, wie alt jenes Fest zu Beginn des Frühlings ist. Denn Hase wie Ei waren schon in der Antike Fruchtbarkeitssymbole. Während das beim Ei leicht verständlich ist – schließlich erzählen viele Schöpfungsmythen von der Entstehung der Welt aus dem Ur-Ei –, verwundert es, warum der Hase zu diesem Ruf gelangt ist. Die Antwort gibt uns zuerst einmal die griechische Mythologie: Der Hase war das Tier der Aphrodite, die ja nicht nur Göttin der Schönheit und Liebe, sondern auch der Fruchtbarkeit war. Und der Hase steht für Fruchtbarkeit schlechthin. Wussten die Griechen vielleicht bereits, was erst die modernen Zoologen herausfanden, dass nämlich eine bereits trächtige Häsin bereits wieder neu empfangen kann – eine völlige Ausnahme im Tierreich.

Dass jedoch das Ei bereits seit dem 5. Jahrhundert als Sinnbild der Auferstehung Christi gilt, hat einen anderen Grund als den, dass es für neues Leben steht. Christus habe das Grab gesprengt wie das Küken die Eischale. Die Schale des Eis bedeutet den Leib, das Eiweiß die Seele, der Dotter die göttliche, goldene Natur des auferstandenen Heilands. Das allerdings sollte Sie nicht zu dem Missverständnis verleiten, sich mit hartgekochten Eiern abzufüllen. Denn gesund wird das Osterfest nur, wenn wir im übertragenen Sinn zu seiner Quelle gehen.

Das »Ostern« zugrunde liegende Wort *austro* oder *ostraun* bedeutet Morgenröte. Früher verbrachte man die Nacht vor Ostern in der Kirche und erlebte gemeinsam den Sonnenaufgang. Und der Gottesdienst in der Osternacht galt lange als der wichtigste im ganzen Jahr, als eine elementare, alles umfassende Auferstehungsfeier, als Fest der neuerwachten Natur.

Geradezu sinnbildlich dafür sind die traditionellen österlichen Wasserspiele, denn Wasser steht in sämtlichen Kulturen für Leben. Früher, als der Brunnen Mittelpunkt des Dorfes war, wurde er zum Dank an Ostern geschmückt mit Tannen- und Birkengrün, mit Eier-Girlanden, Bändern und Holzspan-Locken. Leider sind viele dieser sinnbildlichen Osterbräuche so gut wie ausgestorben. Nur vereinzelt sind noch die reich dekorierten Osterbrunnen zu sehen, zum Beispiel in der Fränkischen Schweiz. Beinahe vergessen ist auch der Brauch, sich Osterwasser zu holen. Bei Sonnenaufgang waren früher die Menschen zu einem Bach gewandert und hatten sich dort schweigend Wasser geschöpft. Dem Osterwasser wurde eine besondere heilsame Wirkung zugesprochen.

Ich rate meinen Patienten, Ostern zum Anlass zu nehmen, ihren Wasserkonsum einmal zu überprüfen. Fast alle Menschen, vor allem aber ältere, trinken entschieden zu wenig – 2 Liter pro Tag sind das Minimum, 2,5 ausreichend. Dabei gibt es bereits einwandfreie Belege dafür, dass einige Erkrankungen – zum Beispiel Gelenkbeschwerden – wie durch Zauberkraft verschwinden, wenn der Patient pro Tag konsequent 4 bis 5 Liter Wasser zu sich nimmt.

Wasser ist *das* Lebenselixier: auch dieser Gedanke steckt in dem vergessenen Brauch, sich an Ostern, dem Fest der Auf-

erstehung, Wasser zu holen. Es ist unersetzlich für unsere Gesundheit, denn der menschliche Körper besteht zu 60 bis 70 % aus Wasser. Die Menge an Wasser, die wir täglich zu uns nehmen, geben wir auch wieder ab. Von 2,5 Litern werden 1,5 über den Urin ausgeschieden, 0,1 mit dem Stuhlgang, 0,9 mit Atmung und der Transpiration. Durch Flüssigkeitsverlust kann, wenn wir dürsten, die Blutmenge um 25 bis 40 %, in extremen Fällen bis zu 60 % vermindert werden, das Blut wird dick und zähflüssig und kann vom Herzen nicht mehr schnell genug durch die Adern gepumpt werden. Dadurch werden stark erhöhte Mengen an Kohlendioxid freigesetzt, das mit verstärkter Atmung ausgeatmet werden muss. Dass Menschen in fortgeschrittenem Alter Gedächtnisprobleme bekommen, wenn sie immer zu wenig getrunken haben, ist kein Wunder: allein durch unser Gehirn, das einen Wassergehalt von 70 % hat, fließen jeden Tag 1400 Liter Wasser. Auch die Bandscheiben, die zu einem Großteil aus Wasser bestehen, brauchen ständig Flüssigkeit, damit sie, wie sie es sollen, abfedern können. Schon ein leichtes Defizit an Wasser verschlechtert unser Wohlbefinden und unsere Leistungsfähigkeit, wir ermüden schneller, leiden unter Konzentrationsschwäche und Verdauungsbeschwerden. Beginnen Sie also an Ostern damit, dem Wasser die Aufmerksamkeit zu schenken, die es verlangt.

Deutsche, die im Osterurlaub nach Griechenland reisen, sind oft erstaunt, wenn sie miterleben, wie viele Schafe dort geschlachtet und gebraten werden. Traditionell schmorten, während das komplette Tier am Spieß gebraten wurde, die Innereien, mit Kräutern und Reis verfeinert, in einem Kessel.

Und in ländlichen Regionen wird das auch noch so gepflegt. Und für sensible Geister hat es etwas Makabres, am Ostersonntag ein ganzes Lamm zu verzehren. Man denkt vielleicht an das Bild von Jesus, der wie ein Opferlamm stumm den Tod erlitt – der Apostel Paulus hat es in einem seiner Briefe an die Korinther gezeichnet. Auch in vielen italienischen Gegenden ist es nach wie vor üblich, an den Osterfeiertagen Lamm oder Schaf zu essen, und mancher Tourist wendet sich mit Grausen ab. Doch diese Abscheu vor dem Anblick des ganzen Tiers ist in meinen Augen eine falsche Sentimentalität. Wir haben uns allzu sehr an jene unzähligen Formen des Fleischverzehrs gewöhnt, die uns das Abschlachten des Tieres vergessen machen wollen. Bedenkenlos vertilgen wir eingedoste oder eingeschweißte Ragouts und Gulaschs. Dabei verschwenden wir keinen Gedanken daran, woher das Fleisch kommt, essen unbekümmert die Speckwürfel auf der Quiche, die Salami auf der Pizza, so als sei kein einziges Schwein dafür umgebracht worden.

Der Brauch, ganz bewusst in großer Gemeinschaft ein ganzes Lamm zu verspeisen, kann und soll uns aber in vielfacher Hinsicht zum Nachdenken anregen. Da ist schließlich ein junges Lebewesen geopfert worden, um uns Menschen ein Festessen zu liefern. Ist es nicht dann auch eine Pflicht, alles von diesem Tier zu verwenden? Die Leber, den Magen, die Milz, all die weniger spektakulären, weniger teuren Teile? Nur so wird dem Tier die nötige Ehrfurcht zuteil. Und damit sich ein solch opulentes Festmahl nicht auf den Hüften, am Po oder den Oberschenkeln festsetzt: Trinken Sie ausreichend Wasser! Denn sonst werden die Fettzellen verdursten und zu toten Fettdepots degenerieren. Sie brauchen Wasser als Treibstoff, um noch lebendig und damit abbaubar zu sein. Wassertrinken ist die einfachste und billigste Schlankheitsdiät. Nicht nur zur Osterzeit.

- ☆ Sie sollten trinken, bevor Sie Durst haben, denn das Durstgefühl ist schon ein Alarmsignal.
- ☆ Alkohol ist zwar flüssig, bringt dem Körper aber keine Flüssigkeit, sondern entzieht ihm sogar Wasser. Auch Milch ist kein geeigneter Flüssigkeitslieferant, denn durch ihren Fettgehalt ist sie eher als Nahrungsmittel zu betrachten. Verzichten Sie unbedingt auf Sprudel, also Wasser mit Kohlensäure, denn die kann bei Menschen mit empfindlichem Magen Schwierigkeiten machen und führt außerdem zu übermäßiger Gasbildung. Halten Sie sich an stilles Mineralwasser oder, wenn die Qualität wie zum Beispiel in München ausgezeichnet ist, an Leitungswasser.
- ☆ Essen Sie möglichst viele stark wasserhaltige Nahrungsmittel wie Obst, Gemüse und Salate.
- ☆ Dass in Österreich in jedem Kaffeehaus mit dem kleinen oder großen Braunen auch ein Glas Leitungswasser serviert wird, hat neben praktischen, gastfreundlichen Gründen – der Gast kann länger bei einem Getränk sitzen bleiben – auch gesundheitliche. Kaffee entzieht wie Tee oder auch Alkohol dem Körper Wasser. Nur Kräutertees sind eine Ausnahme.
- ☆ Verwenden Sie wenig Salz, denn das darin enthaltene Natrium stört die natürliche Wasser-Balance des Körpers.

F. X. K.

Das Halleluja singen

In der Fastenzeit ist das Halleluja, der Jubelruf »Lobt den Herrn«, verstummt. In der Osternacht tritt vor der Verkündigung des Evangeliums der Diakon vor den Bischof oder Abt und sagt: »Hochwürdigster Vater, ich verkünde Euch eine große Freude, das ist das Alleluja.« Dann stimmen die Kantoren die feierliche Melodie des Halleluja an und alle fallen voll Freude ein. Das Halleluja kennzeichnet die Osterzeit und gibt dem ganzen Kirchenjahr bis zum Aschermittwoch ein österliches Gepräge.

Augustinus ruft in einer Predigt aus: »Es hat dem Herrn, unserem Gott, gefallen, dass wir alle ihm das Halleluja singen. Es heißt übersetzt: Lobet den Herrn. So lasst uns also den Herrn loben mit dem Leben und mit der Zunge, mit Herz und Mund, in Wort und Tat. Dort und hier gibt es Lob Gottes: hier von Seiten derer, die noch in Sorge sind, dort aber von den Siegern in Ewigkeit. Hier in Hoffnung, dort in Erfüllung. Hier auf dem Weg, dort in der Heimat. Heute lasst uns singen, nicht um uns der Ruhe zu erfreuen, sondern um in der Drangsal Trost zu finden. So wie Wanderer zu singen pflegen: Singe, aber schreite aus! Singend tröste dich in der Not, liebe die Verdrossenheit nicht!«

Von dieser österlichen Freude soll das Leben des Christen geprägt sein. Darum singen wir in einem 1380 entstandenen Lied: »Wir wollen alle fröhlich sein in dieser österlichen Zeit«. Aber wie sollen wir gerade die in unserer Gesellschaft sich ausbreitende Unzufriedenheit, Resignation und Bitterkeit überwinden? Wie könnten wir die Sorgen um den Zustand der Welt oder um die eigene Zukunft einfach verdrängen? Die Prediger der Barockzeit pflegten den risus paschalis, das österliche Lachen, das sie durch ein Ostermärlein, eine witzige Anekdote, hervorrufen wollten. Aber die Freude muss doch von innen kommen.

Ostern ist eine Angelegenheit des Herzens, des inneren Hörens und Sehens. Man kann taub sein für die Botschaft von Ostern und blind für die Zeichen der Hoffnung – das zeigen die Emmausjünger, die bedrückt und unzufrieden aus der Stadt der Niederlage ihres Meisters fliehen. Verschlossenheit, Verdrießlichkeit, das Murren ist etwa für die Benediktsregel die schlimmste Fehlhaltung des Christen. Schon von Israel heißt es, es sei »eine böse Gemeinde, die immer über mich murrt«.

Wenn wir das Ohr unseres Herzens der Osterbotschaft öffnen, kann sie uns der Verdrießlichkeit, Traurigkeit und Resignation entreißen, weil wir erfahren, dass der »Gute«, der am Galgen endete, in Wahrheit nicht gescheitert ist, sondern lebt. Dass Liebe den Hass überwindet, dass Vergänglichkeit und Tod nicht das letzte Wort behalten. Der Auferstandene begleitet uns ja wie die traurigen Jünger nach Emmaus. Er ruft auch uns wie die weinende Maria von Magdala vor dem leeren Grab beim Namen. Dann kann das Halleluja zur Grundmelodie unseres Lebens werden. O. L.

Das österliche Ja

Die Schriftstellerin Gabriele Wohmann gesteht in einer Einführung zu ihren Prosatexten, es falle ihr schwer, ja und leicht, nein zu sagen. Auch wir neigen dazu, eher mit einem Nein als mit einem Ja unsere Welt zu betrachten. Denken wir nur an die vielen negativen Schlagzeilen der Medien. Und wenn wir ja sagen, machen wir leicht Vorbehalte. Wir sind doch nicht naive Optimisten, die bei jeder Geschichte ein Happy-End erwarten.

Gegen alles Nein in unserer Welt steht das Ja der Osterbotschaft, die uns durch fünfzig Tage und an jedem Sonntag des Jahres verkündet wird. Paulus sagt im 2. Korintherbrief: »Jesus Christus ... ist nicht als Ja und Nein zugleich gekommen; in ihm ist das Ja verwirklicht« (1,19). Das Leben Jesu war ein ganz ehrliches, bedingungsloses Ja zu Gott und zu den Menschen. Freilich hat dieses Ja das Nein der Welt auf sich gezogen, Verwerfung und Vernichtung. Aber es ist bestätigt worden durch die Auferweckung aus dem Tod. Im Auferstandenen begegnet uns das endgültige, alles verwandelnde Ja. Im Prosatext der Welt, der so viel Enttäuschung und Chaos, so viel Negatives enthält, steht doch für den Glaubenden am Anfang und am Ende das große Ja Gottes und es ist in die Mitte dieses Textes eingestiftet: Christus und seine Auferstehung.

Alle Gesundung des Menschen hängt daran, dass wir uns als bejaht, als lebenswert erfahren und so auch selber ja sagen können. Jesus beruft seine Jünger, damit sie die Frohbotschaft verkünden und mit Vollmacht die Dämonen austreiben. Es geht im Letzten um die Befreiung von all den Mächten, die uns in Beschlag nehmen können, die uns versklaven und zerreißen, die uns bedrohen.

Eine alles durchwaltende Dämonenfurcht finden wir auch in unserer Welt. Der Glaube an das göttliche Ja kann aus der Besessenheit befreien. Paulus weiß um die sogenannten Götter und Herren in unserer Welt, aber er weiß: Wir haben nur einen Gott, den Vater. »Und einer ist der Herr: Jesus Christus. Durch ihn ist alles und wir sind durch ihn« (1. Kor 8,6). Der österliche Christ wagt das Ja in aller Bedrängnis, weil er weiß, dass es, auch wenn es verraten und zerstört werden kann, doch im Ja des Auferstandenen weiterlebt. Dag Hammerskjöld, der über dem Kongo bei seiner Friedensmission abgestürzte Generalsekretär der UNO, hatte einmal in sein Tagebuch geschrieben: »Du wagst dein Ja – und erlebst einen Sinn. Du wiederholst dein Ja – und alles bekommt einen Sinn. Wenn alles Sinn hat, wie kannst du anders leben als ein Ja.«

O. L.

Die Walpurgisnacht vom 30. April auf den 1. Mai

Wie wertvoll es ist, sich mit der Klosterheilkunde zu beschäftigen

Freinacht nennt sich diese Nacht in manchen Regionen. Und die Freiheiten, die sich junge Burschen meist ungestraft herausnehmen, bestehen vor allem darin, Toilettenpapier um Autos zu wickeln, Mülltonnen umzukippen, Briefkästen mit Unrat zu füllen oder Autoreifen zu zerstechen. Das sind die letzten unschönen Überbleibsel von magischen Riten, die den Winter vertreiben sollten.

Aus heilkundiger Sicht macht es Sinn, daran zu denken, wem diese Nacht, die ja auch Walpurgisnacht heißt, ihren Namen verdankt: einer englischen Königstochter namens Walburga (710–779), die später Äbtissin des mittelfränkischen Klosters Heidenheim wurde.

Walburga soll am 25. Februar gestorben und bereits am 1. Mai heiliggesprochen worden sein – eine *santa subita*. Bald, so behauptet die Legende, sei aus ihren Gebeinen ein heilkräftiges Öl geflossen. Wie jede Legende ist auch diese symbolisch zu verstehen und soll uns sagen: Aus dem Wissen und dem Erfahrungsschatz dieser Heilkundigen erwächst für euch etwas Hilfreiches.

Lange bevor sich die Schulmedizin an den Universitäten etablierte, bewahrten Klosterbibliotheken die medizinische Literatur der Antike und der zeitgenössischen arabischen Wissenschaft auf, Heilpflanzen wuchsen in den Klostergärten, Nonnen und Mönche arbeiteten als Ärzte und Krankenpfleger und unterrichteten die Frauen in Geburtshilfe und Naturheilkunde.

Doch vieles, erschreckend vieles an den klugen Bräuchen wurde später missverstanden, auch entstellt oder verzerrt bis hin zum Monströsen. Das übliche desinfizierende Ausräuchern zum Beispiel von Krankenzimmern mit bestimmten Pflanzen geriet zum Walpurgisfeuer. Die weisen Frauen, die oft alte erfahrene Hebammen und Heilpraktikerinnen waren, wurden verdammt und verleumdet mit den abenteuerlichsten Gerüchten. Das aber geschah erst, als die entsetzliche Zeit der Hexenverfolgungen angebrochen war, als die mitteleuropäische Welt durch Bauernaufstände, Judenhass und Religionskriege aus den Fugen geriet.

Ursprünglich wusste man die Kenntnisse der erfahrenen Frauen, auch der Nonnen und Äbtissinnen, zu schätzen. Hildegard von Bingen ist nur ein prominentes Beispiel von vielen. Doch gerade Walburgas Gedächtnistag kann ein Anlass sein, sich einmal gründlicher mit der Klosterheilkunde zu beschäftigen. Das ist heute auch für Menschen möglich, die nicht fließend Latein sprechen, denn eifrige Klosterbrüder und -schwestern haben die alten Texte modern aufbereitet. So wurde das »Handbuch der Klosterheilkunde«, das Pater Kilian Saum von der Erzabtei St. Ottilien zusammen mit einem Arzt und einem Historiker verfasst hat, zu einem Bestseller. Die Lektüre macht sich in vielfacher Hinsicht bezahlt, wird uns doch bewusst, bei wie vielen kleineren, aber auch größeren Erkrankungen wir uns die unerwünschten Nebenwirkungen allopathischer Mittel ersparen können.

Der berühmte *Hortulus*, der Klostergarten, wie ihn Wahlafrid Strabo (808–849), Abt auf der Insel Reichenau, anzulegen riet, ist aber keineswegs ein reiner Kräutergarten. Da sollen Rosen gepflanzt werden, deren Öl bei der Wundheilung zum Beispiel im Mund ausgezeichnet hilft, oder Lilien, deren Saft die Folgen von Quetschungen und verrenkten Gliedern lindern soll. Da gedeihen Fenchel, der gegen Blähungen hilft, und Sellerie, der gegen Übelkeit und Blasenleiden eingesetzt wird. Die mühsame Aufgabe, die genannten Pflanzen auch alle zu identifizieren, haben uns Fachleute abgenommen. Denn nicht die Übersetzung der lateinischen Bezeichnung ist das Problem: Oft ist es unendlich schwierig herauszubekommen, welche Pflanze gemeint war, was zum Beispiel damals unter »Zauberkraut« verstanden wurde.

Also, statt den üblichen Schabernack der Freinacht zu treiben, tun kluge Menschen auf den Spuren Walburgas lieber etwas Sinnvolles für sich selber. Und lesen sich ein in eines jener schönen Bücher, die gehobene Wissensschätze sind. Anweisungen, wie wir die Kostbarkeiten der Natur zu kostenlosen Heilmitteln machen – altes, unbezahlbares Erfahrungswissen bis heute.

☆ Wenn Sie auf Reisen in Italien oder Deutschland, Frankreich, Österreich oder Spanien Klöster besichtigen, dann sehen Sie sich genau um in den Klosterläden, die mehr und mehr in Mode gekommen sind. Dort werden meistens Spezialitäten des Klosters angeboten, seien es Tees, Säfte oder eingelegte Gemüse, die Sie mitnehmen und in Ihre natürliche Hausapotheke eingliedern können.

- Wenn Sie einen Garten besitzen, dann legen Sie sich nach den klugen Anweisungen kundiger Schwestern und Brüder von heute einen *Hortulus* an, aus dem Sie sich jederzeit bedienen können. Dass dieses gesunde Geviert auch schön aussehen kann, beweist das Urmodell des Wahlafrid Strabo, in dem prächtige Lilien, Rosen und Schwertlilien zwischen Kräutern und Gemüse leuchteten.
- Naturkosmetik ist ein Trend, denn von den 30 Millionen Allergikern in Deutschland reagieren die meisten vor allem auf synthetische Farb- und Konservierungsstoffe. Falls Sie selbst auch bei der Kosmetik lieber altem Klosterwissen als moderner Chemie vertrauen, dann werden Sie Ihr eigener Kosmetik-Produzent. Fachbücher mit leicht verständlichen Anleitungen gibt es in allen Preislagen. Die meisten Ingredienzen können Sie im Garten ziehen, anderes in Spezialgeschäften oder Apotheken erwerben. Das Ansetzen von Tinkturen und Rühren von Cremes erfordert allerdings wahrhaft klösterliche Hygiene und Sorgfalt, denn unerwünschte Keime sind der Schönheit leider abträglich.
- Natürlich können Sie das Klostergarten-Wissen der Walburga in Töpfchen und Tiegeln kaufen: Es gibt ein breites Angebot an naturkosmetischen Produkten, doch es ist wichtig, dass sie kontrolliert sind. Die Verbraucher-Initiative e. V. hat eine achtseitige Broschüre über Naturkosmetik herausgegeben, die Sie postalisch oder online gegen eine geringe Gebühr bestellen können. Die Verbraucher-Initiative e. V., Eisenstraße 106, 12435 Berlin, Tel.: 030/536 07 33, Fax: 030/53 60 73 45, Internet: www.verbraucher.org

☆ Vielleicht haben Sie ja Lust, auf Walburgas Spuren zu wandeln und selbst Klostergartenwissen zu erwerben. Dazu gibt Ihnen zum Beispiel Kloster Arenberg bei Koblenz Gelegenheit, das in seinem Vitalzentrum nicht nur mit natürlichen Mitteln etwas für Ihre Gesundheit leistet, sondern auch im Klostergarten erklärt, welches Kraut wogegen gewachsen ist.
Die Kontaktadresse:
Kloster Arenberg
Cherubine-Willimann-Weg 1
56077 Koblenz
Tel.: 0261/64 01-0, Fax: 0261/64 01-34 54
E-Mail: info@kloster-arenberg.de
Internet: www.kloster-arenberg.de. F. X. K.

Himmelfahrt

Einen Akzent in der einen großen Feier des Osterfestes der fünfzig Tage setzt der vierzigste Tag, wie ihn der Evangelist Lukas schildert. Jesus, der Auferstandene, verhieß seinen Jüngern die Gabe des Geistes, damit sie seine Zeugen sein können bis an die Grenzen der Erde. Er segnete sie. Dann »verließ er sie und wurde zum Himmel emporgehoben« (Lk 24, 51).

Es ist also auch ein Abschied, wie wir ihn alle im Leben kennen, Abschied von Menschen, wenn sich die Wege trennen, Abschied von einer Aufgabe, die uns lieb war, Abschied von einer besonders schönen Zeit, einem besonders schönen Ort. Die Erscheinung des Auferstandenen, die äußere Erfahrung der ganz neuen, wunderbaren Existenzweise Jesu, nimmt ein Ende, muss sich umsetzen in eine innere Erfahrung, in die Erinnerung an Jesu Worte und Taten, in die innere Bezeugung seiner Wahrheit durch den Geist, in die Begabungen, die dieser Geist in den Menschen erweckt. Das äußere Bild aber, dass Jesus erhoben, von der Wolke aufgenommen wird, entspricht der Sehnsucht des Menschen, nicht am Boden zu bleiben, nicht an einen bestimmten Ort gebunden zu sein, sondern sich aufzurichten, aufzusteigen, erhoben zu werden in eine Erhabenheit, die der Zerstreuung und Vergänglichkeit des Endlichen entreißt.

Dieses Fest also kann uns stärken in allen Abschieden und Trennungen, kann uns ermutigen zu neuen Aufbrüchen, zu neuem Leben. Die Woche um das Fest Christi Himmelfahrt heißt auch Bittwoche, weil sich an diesen Tagen viele Gemeinden zu einer Bittwallfahrt aufmachen. Gemeinsames Beten und Singen auf einem gemeinsamen Weg zu einer heiligen Stätte machen sichtbar, dass wir voller Vertrauen auf dem Weg sind zu einem großen Ziel und dass wir um das Gelingen bitten, um das Wachstum der Früchte der Erde, um das gedeihliche Wetter, um den Segen Gottes für diese unsere Erde, die er uns anvertraut hat.

O. L.

Christi Himmelfahrt

*Weshalb es der Gesundheit hilft,
einen Sonnenaufgang zu erleben*

Früher boten die Kirchen und Klöster an diesem Feiertag ein heiliges Theater. Und die Gläubigen waren begeistert von dem, was ihnen geboten wurde. Da wurde an einer aufwendigen Holzkonstruktion eine in Weihrauchschwaden gehüllte lebensgroße Christusfigur zur Decke des Gotteshauses gezogen, Engelsfiguren umschwebten sie und ein Chor begleitete die Zeremonie, Pauken sorgten für Theaterdonner und Fanfaren für den hellen und eindringlichen himmlischen Klang. Doch dieser Brauch wurde ebenso verworfen wie der, an Christi Himmelfahrt Geflügel zu essen, weil Jesus ja vogelgleich in den Himmel aufgestiegen war. Zugegeben: Solche kulinarischen Analogien sind sicher ebenso naiv wie die heiligen Spektakel und müssen einem modernen Menschen etwas albern vorkommen. Auch wenn kaum einer, der sie noch irgendwo miterleben kann – zum Beispiel im bayrischen Kloster Baumburg –, sich der Magie dieses Theaters in Gottes Namen entziehen kann. Und sie sind bestimmt sinnvoller als die an diesem Tag üblich gewordenen Herrenpartien am sogenannten »Vatertag«.

Ein völlig vergessener Brauch verdiente es wiederbelebt zu werden. Er könnte nicht nur die üblichen Väterausflüge ersetzen und die Familien verbinden. Die Zürcher zum Beispiel haben ihn noch lange gepflegt: Sie stiegen an Christi Himmelfahrt in den frühen Morgenstunden auf den Uetliberg, um auf dem Gipfel des Berges den Sonnenaufgang zu erleben. Es schien ihnen, als erhielten sie dabei Einblick in Christi neue Wohnung. Wer noch nie einen Sonnenaufgang erlebt hat, sollte an diesem Festtag einmal ausprobieren, welch erhabene Empfindungen das auslöst. Schweigend dabei zu sein, wie der Tag erwacht, wie das Leben aus der Stille der Nacht steigt und das Licht aufgeht, ist im wahren Wortsinn wunderbar: Das Wunder der Schöpfung wird erfahrbar. Vor allem aber werden angesichts dieses so alltäglichen und doch so unfasslich grandiosen Ereignisses alle Probleme kleiner. Der Kleinkrieg mit den Kollegen oder dem Chef, der Streit mit dem Partner, der Ärger mit den Kindern – wie unwesentlich ist das angesichts der Größe der Natur.

Es ist sicher kein Zufall, dass wir von einem erhebenden Anblick oder einer erhebenden Erfahrung sprechen. Wer auf einem Berg oder wenigstens einer Anhöhe stehend der Sonne beim Aufgehen zuschaut, die Landschaft zu Füßen, fühlt, wie er sich aus den Fesseln des vermeintlich Wichtigen löst, wie er aufsteigt und leicht wird und, wenn er sich diesem Augenblick ganz und gar hingibt, sogar die Furcht vor dem Tod verliert und sich eins fühlt mit dem All. Ein Erlebnis, das die Mystiker zu Recht Erleuchtung nennen. F. X. K.

Pfingsten und die Zeit danach

Die Erwartung des Geistes

Dass Pfingsten die Vollendung des Osterereignisses bedeutet, wird dadurch deutlich, dass noch einmal ein Osterevangelium verkündet wird: Der Auferstandene tritt in die Mitte der Jünger, zeigt seine Hände und seine Seite. Und zum Zeichen, dass er sie sendet, wie der Vater ihn gesandt hat, haucht er sie an: »Empfangt den Heiligen Geist« (Joh 20,22). Die Hingabe seines irdischen Lebens und die Auferweckung Jesu zeigen eine neue Schöpfung an: Wie am Anfang der Geist Gottes über den Wassern schwebt und Himmel und Erde entstehen lässt, wie Gott dem Menschen aus Erde den Lebensatem einbläst und so zu einem lebendigen Wesen macht, so wird der dem Verderben und Tod verfallene Mensch zu einem neuen Leben erweckt, wie es die Propheten verheißen haben: »Ich lege meinen Lebensatem in euch hinein, dass ihr lebendig werdet« (Ez 37,14).

Freilich muss sich der Mensch diesem Geist immer wieder öffnen. Darum ist das Rufen nach dem Geist ein Grundvollzug des christlichen Lebens: das Einatmen des Gottesgeistes.

Darum stimmen wir immer wieder das *veni creator spiritus* an, das Lied, das Hrabanus Maurus, der im 9. Jahrhundert gelebt hat, zugeschrieben wird: »Komm, Heiliger Geist, der Leben schafft ... Nun hauch uns Gottes Odem ein«. Die Wirklichkeit Gottes, an die wir glauben wollen, zeigt sich ja in seinem Wirken. Goethe war besonders von der vierten Strophe angetan: *accende lumen sensibus* – entzünde Licht unseren Sinnen (entflamme Sinne und Gemüt, Friedrich Dörr; erleuchte unser blind Gesicht, Markus Jenny), *infunde amorem cordibus* – gieß Liebe unseren Herzen ein. Der ganze Mensch wird vom Geist Gottes erfasst. »Denn alle, die sich vom Geist Gottes leiten lassen, sind Söhne Gottes« (Röm 8, 14). Der Geist nimmt sich unserer Schwachheit an, »der Geist selber tritt für uns ein mit Seufzen, das wir nicht in Worte fassen können« (Röm 8,26). Wir dürfen auch immer wieder die Pfingstsequenz singen, die Stephan Langton um 1200 verfasst hat: »Ohne dein lebendig Wehn, kann im Menschen nichts bestehen, kann nichts heil sein noch gesund... Wärme du, was kalt und hart, löse, was in sich erstarrt«. Solche Hymnen und Lieder kann der Christ gar nicht oft genug singen.

O. L.

Die Vielfalt der Gaben

Das Pfingstfest, wie es Lukas in der Apostelgeschichte schildert (Apg 2,1–13), ist gekennzeichnet durch die Überwindung der ängstlichen Verschlossenheit und Isolation der Jünger Jesu und durch eine neue Gemeinsamkeit. Denn sie beginnen, »in fremden Sprachen zu reden, wie es der Geist ihnen eingab« (Apg 2,4). So entsteht aus den vielen Bekehrten eine Gemeinde, von der es heißt: sie war »ein Herz und eine Seele…Sie hatten alles gemeinsam« (Apg 4,32). Hier wird gewiss ein Ideal der Urgemeinde in Jerusalem geschildert. Wir lesen in den weiteren Kapiteln der Apostelgeschichte von Verfehlungen, von Streitigkeiten und Spaltungen. Das ist ja auch unsere Wirklichkeit in Kirche und Gesellschaft: Gegensätze, Feindschaften, erbitterte Auseinandersetzungen. Das kann auch uns zermürben, bedrängen, mutlos und krank machen. Aber da kann uns helfen, bei allen Verschiedenheiten und Gegensätzlichkeiten immer wieder auf den einen Ursprung unseres Glaubens, auf die eine Mitte der kirchlichen Gemeinschaft, auf den einen Geist zu blicken, der in den Vielen wirkt. So kann Paulus im 1. Korintherbrief schreiben: »Keiner kann sagen, *Jesus ist der Herr,* wenn er nicht aus dem Heiligen Geist redet« (1 Kor 12,3). Und er fährt fort: »Es gibt verschiedene Gnadengaben, aber nur den einen Geist. Es gibt verschiedene Dienste, aber nur den einen Herrn. Es gibt verschiedene Kräfte, die wirken, aber nur den einen Gott« (1 Kor 12,4–6).

Paulus nennt verschiedene Geistesgaben, Weisheit, Erkenntnisvermittlung, Glaubenskraft, Heilung von Krankheiten, prophetisches Reden, Unterscheidungsfähigkeit, Zungenrede, Deutung. So gibt es in der Kirche Apostel, Propheten und Lehrer. Aber jedem wird eine Gabe zugeteilt, damit sie auch anderen nützt. Und so gibt es viele Glieder an dem einen Leib. »Ihr aber seid der Leib Christi und jeder Einzelne ist ein Glied an ihm« (1 Kor 12,7). So entsteht eine neue, alle umfassende Gemeinschaft: »Es gibt nicht mehr Juden und Griechen, nicht Sklaven und Freie, nicht Mann und Frau; denn ihr seid alle einer in Jesus Christus« (Gal 3,28).

Zum Gesundwerden, zum Ganzwerden gehört auch die Heilung unserer Beziehungen, der Glaube an den einen Geist Gottes, der in jedem wirken kann trotz aller Verschiedenheiten und Gegensätze. Wir können gelassen werden, wenn wir Gottes Geist wirken lassen, wenn wir auf sein Wirken vertrauen, wo unsere Bemühungen erfolglos scheinen. O. L.

Pfingstfest und Pfingstbräuche

Wie Pfingstbräuche den Organismus frühlingsfrisch machen

Das, fragen Sie sich wahrscheinlich, will dieser Heiler mir jetzt von gesunden Aspekten der Pfingstfeiertage erzählen? Dazu kann einem doch nichts einfallen, was mit Gesundheit zu tun hat. Und ich gebe es gerne zu: Pfingsten hatte auch für mich lange etwas abstrakt Intellektuelles, Unsinnliches. Goethe nennt es zwar »das liebliche Fest«, für die meisten von uns aber ist es ein unanschauliches. Nur eine Minderheit der Christen weiß genau, was an diesen beiden Tagen eigentlich gefeiert wird. Wie Ostern ist zwar auch Pfingsten ein Fest, das aus der jüdischen Tradition entstand, denn fünfzig Tage nach Pessach feierten die Kinder Israels ein Erntedankfest zum Abschluss der Weizenernte, aber selbst dieser lebensnahe Aspekt der jüdischen Tradition fehlt dem christlichen Fest.

Dort hat die österliche Fruchtbarkeitssymbolik nichts zu suchen. Und dass die Jünger durch das Erscheinen des Heiligen Geistes auf einmal in so vielen, ihnen zuvor unbekannten Sprachen zu sprechen vermochten, ist ein Ereignis, das sich nicht so leicht darstellen ließe wie das heilige Spektakel an Himmelfahrt. Man mag sich den Gehalt von Pfingsten als eine neu erworbene Fähigkeit zur Kommunikation erklären, als eine Begabung, sich nun jedem Menschen verständlich zu machen – aber auch das ist eine schwer greifbare Idee. Weil das Fest nicht aufführbar ist wie Christi Himmelfahrt oder Ostern, ließ man, um es einprägsam zu machen, früher während der Pfingstmesse eine echte oder hölzerne Taube von der Decke schweben. Länger gehalten hat sich die Sitte der Bauern, den Pfingstochsen, der seiner Herde voranging, wenn man das Vieh auf die Weide trieb, mit Grün und Blumenkränzen zu schmücken. Aber was soll all das mit unserer seelischen oder geistigen Fitness zu tun haben?

Einen Fingerzeig gibt uns die Tatsache, dass an Pfingsten sehr viele Täuflinge in die Kirchen getragen werden, obwohl doch die Taufe Christi an einem anderen Tag gefeiert wird.

Im frühen Christentum wurde die Erinnerung an die Taufe Christi im Kirchenjahr neben der Anbetung der drei Könige und der Hochzeit zu Kana als zweites der drei Festgeheimnisse des Epiphaniastages gefeiert. Nach dem Zweiten Vatikanischen Konzil wurde dieses Fest dann offiziell auf den Sonntag nach dem Erscheinungsfest gelegt, also auf den dreizehnten Januar. In der Bibel wird über die Taufe Christi berichtet: Jesus war zum Jordan gewandert, wo Johannes zur Umkehr und zur Bußtaufe aufrief, und wollte sich taufen lassen. Als er aus dem Fluss stieg, sah er den Himmel geöffnet und den Heiligen Geist in Gestalt einer Taube herabkommen. Und man hörte die Stimme Gottes, die verkündete, dieser Jesus sei sein geliebter Sohn.

Dass sich aus jener Taufe im Jordan die Tradition erklärt, Pfingsten, das Fest des Heiligen Geistes, mit der Taufe der Neugeborenen zu verbinden, liegt nahe und ist längst eine liebe Gewohnheit geworden. Seit einigen Jahren nimmt die Zahl der Pilger zu, die Pfingsten zu einem bewussten und unvergesslichen Erlebnis machen wollen. Sie fliegen aus aller Welt nach Israel, um auf den Spuren des Jesus von Nazareth ein Seelenbad im Jordan zu nehmen. Hunderttausende sind es jedes Jahr. Und viele von ihnen lassen sich dort auch taufen, auf die gleiche Art, wie es der heilige Johannes der Täufer gemacht hat: Der Täufling wird mit dem ganzen Körper, vom Scheitel bis zur Sohle, ins Wasser getaucht. Dieses rituelle Bad kennen alle Religionen in irgendeiner Form. Denn von jeher wurde das Bad nicht nur als ein äußerlich, sondern auch innerlich reinigender Vorgang betrachtet, bei dem alles Gewesene, alles Kranke, Böse und Schädliche von den Menschen abgewaschen wird, so dass sie wie neugeboren aus dem Wasser auftauchen.

Die Mikwe, das rituelle Tauchbad der Juden, gehört zu jeder Synagoge. Denn die jüdischen Frauen müssen sich gemäß den jüdischen Reinheitsgesetzen nach jeder Menstruation, nach jeder Geburt und vor der Hochzeitsnacht darin baden. Auch nach dem Kontakt mit Toten oder nach bestimmten Krankheiten ist die Benutzung einer Mikwe Vorschrift. Und es gelten dafür strenge Regeln: Es muss 800 Liter reines, lebendiges Wasser enthalten, also Wasser natürlichen Ursprungs, das nicht gepumpt, geschöpft oder getragen wurde. Erlaubt sind fließendes Bachwasser, Quellwasser, Fluss- oder Meerwasser, auch das Grundwasser oder gesammeltes Regenwasser.

Die Hindus nehmen im Ganges, der wie auch der Nil als heiliger Strom gilt, bei der Kumbh Mela, dem größten und farbenprächtigsten religiösen Fest auf dem Planeten, das reinigende Bad. Noch vor Sonnenaufgang warten Pilger und nackte Mönche in langen Schlangen darauf, sich in den Fluten von Sünden reinzuwaschen.

Dem Wasser wurde seit Jahrtausenden eine heilende und

spirituelle Kraft zugeschrieben. Und so gesehen ist es in meinen Augen naheliegend, dass es ein heilkundiger Priester war, der hierzulande das Wasser als wahres Wundermittel propagiert und über 100 verschiedene Anwendungsmöglichkeiten dafür entwickelt hat. Sebastian Kneipp (1821–1897), der »Wiederentdecker« der Kneippkur, verblüffte schon vor 150 Jahren die Mediziner mit den spektakulären Heilerfolgen seiner Wassertherapie, von kalten Bädern und gezielten kalten Güssen bis hin zum storchenartigen Wassertreten.

»Alles ist aus dem Wasser entsprungen! Alles wird durch das Wasser erhalten!«, schreibt Goethe in Faust II und die Sirenen verkünden in Goethes Namen: »Ohne Wasser ist kein Heil!« Damit das Wasser bei äußerer Anwendung seine Wirkung zeitigt, sollten Sie aber auch innerlich bereit sein, alles von sich abzuwaschen, alle Missgunst und allen Neid, alles Konkurrenzdenken und alle Ängste, den Herausforderungen nicht gewachsen zu sein.

Ich habe immer wieder festgestellt, dass kaum eine Kur bei so vielen Leiden hilft wie die Wassertherapien der Kneipp-Kur: von Beinleiden bis zu Hautproblemen, von Stress bis zu Herz-Kreislauf-Beschwerden, von Beeinträchtigungen des Bewegungsapparats bis zur Arthritis. Genauso erstaunt stelle ich immer wieder fest, wie erfolgreich die Kneipp-Kur bei psychischen Störungen und Erkrankungen ist. Kneipp, ein genialer Beobachter, wusste das längst: »Viele hundert und tausend Gemütsleiden, Niedergeschlagenheit, Gedrücktheit, halbe Verzweiflung, Mutlosigkeit, Verstimmung würden nicht stattfinden«, erklärte er, der mit seiner Selbstheilung bekannt geworden war, »wenn man durch das frische Wasser die Hütte des Geistes fleißig säubern würde. Scheue und fürchte niemand die Waschungen mit kaltem Wasser, suche im Gegenteil jeder bei diesem einfachen Mittel Hilfe.«

Noch kennen wir Glücklichen keine Wassernot. Unbekümmert verschwenden wir es für exzessives Autowaschen. Wenn wir es jedoch im Sinne Kneipps sinnvoll anwenden, werden wir seiner Kostbarkeit gerecht.

☆ Gönnen Sie sich einmal im Jahr eine Kneipp-Kur, am besten in dem Ort, der durch Sebastian Kneipp berühmt wurde – in Bad Wörishofen im Allgäu. Und denken Sie daran: Kneipp hatte seine Wassertherapie ursprünglich nicht für Kranke, sondern für Gesunde entwickelt, zur Prophylaxe.

☆ Allein durch eine regelmäßige morgendliche Wechseldusche (mit warm aufhören) wird der Körper so viel besser durchblutet, dass der Kreislauf besser funktioniert und das Bindegewebe sichtbar straffer wird.

☆ Besonders wirkungsvoll ist für den Kreislauf morgendliches Taulaufen oder Schneelaufen, das bedeutet, barfuß über die noch kühlen, taunassen Wiesen zu gehen, im Winter über verschneite Wege.

☆ Schwimmen Sie, wo immer Sie können, und wenden Sie auch die Unterwassermassage an, die sehr gut gegen Cellulite hilft.

☆ Kaufen Sie sich Badesandalen und waten Sie durch einen kalten Bach.

☆ Sind Sie couragiert, so nehmen Sie auch im Winter ein Tauchbad in einem nahegelegenen See, Fluss oder Bach. Danach warm in Wolle kleiden.

F. X. K.

Dreifaltigkeit

Der Sonntag nach Pfingsten ist dem Geheimnis des dreifaltigen Gottes geweiht. Es ist nach dem pfingstlichen Abschluss der Osterzeit wie eine Zusammenfassung des ganzen Kirchenjahres. Es wendet den Blick auf den Ursprung, auf die Quelle von allem, und auf das Ziel, dem alle Geschichte zuläuft. Aus der Zuwendung Gottes zu seinem Volk haben wir immer mehr erkannt, dass da ein Gott zu uns spricht, den wir Vater nennen dürfen und dem alle Schöpfung ihr Dasein verdankt. Dass er sich so hineingibt in die Geschichte der Menschen, dass das Wort, in dem alles geschaffen ist, selber Mensch wird, einer von uns. Und schließlich, dass er weiterwirkt durch seinen Geist, der im Menschen die Sehnsucht weckt nach der Vollendung der ganzen Schöpfung.

In ehrfürchtigem Bekenntnis zum dreifaltigen Gott nähern wir uns dem unendlichen Geheimnis an, dass Gott alles in allem ist – aber nicht nur als ein Urprinzip, als ein anonymes Gesetz der Entwicklung, sondern so, dass er jeden von uns persönlich kennt und ruft und liebt. Darum ist er auch in sich selber Leben, Kommunikation, Gespräch und Liebe. Was die theologische begriffliche Klärung – der eine, einzige Gott in drei Personen – meint, bleibt uns doch unbegreifbares Geheimnis. Aber indem wir Gott als Vater, Sohn und Geist benennen, dürfen wir teilhaben an seiner innersten Lebendigkeit und Fülle. Wir können uns das in den Kinderversen vergegenwärtigen: *Vater, du bist über mir* – wir blicken auf zu einer Erhabenheit, die uns unendlich übersteigt und der wir doch unser Dasein verdanken. *Christus, du bist neben mir* –

ich darf Gott begegnen in dem Menschen Jesus, in seinen menschlichen Worten und Taten. Ich darf mit ihm gehen, den Weg hin zur Auferstehung. *Heiliger Geist, du wirkst in mir* – ich darf dessen innewerden, dass Gottes, dass Jesu Geist in mir ist, in mir wirkt, in mir betet und mich zugleich mit allen verbindet.

Darum dürfen wir immer wieder das »Ehre sei dem Vater und dem Sohn und dem Heiligen Geist« als eines der Grundgebete aller Zeiten aussprechen. Darum bekreuzigen wir uns im Namen des Vaters und des Sohnes und des Heiligen Geistes, denn im Kreuz ist uns das Geheimnis der Liebe Gottes offenbar geworden. Unser ganzer Mensch soll in dieses Geheimnis einbezogen sein. Darum dürfen wir unsere Ganzheit, unsere Stirn (unser Denken), unser Herz (unser Fühlen), unsere Schultern und Arme (unser Tragen und Tun), mit unserer Hand berühren und hineingeben in das Geheimnis des dreifaltigen Gottes. Wenn wir im Weihwasserkessel unsere Finger mit dem Wasser, dem Zeichen des Lebens, berühren und uns damit bekreuzigen, erinnern wir uns, dass wir im Namen des dreifaltigen Gottes getauft sind, teilhaben am göttlichen Leben. Wo wir achtsam solche Zeichen setzen, unternehmen wir kleine Schritte hinein in das Ganze des Lebens und Heilwerdens.

O. L.

Fronleichnam: Gemeinde auf dem Weg

In der Zeit nach Pfingsten, da der normale Jahreskreis in der Liturgie fortgesetzt wird, sollen uns einige festliche Akzente den Abschied vom großen Osterfest erleichtern, seinen Glanz in einigen Zeichen aufleuchten lassen. Der Sonntag nach Pfingsten bringt das Fest der Dreifaltigkeit, öffnet uns den Blick auf den Ursprung aller Heilsgeschichte. Am Freitag der dritten Woche nach Pfingsten lenkt die Liturgie des Herz-Jesu-Festes den Blick auf die Quelle des Heils in der Geschichte, auf die Liebe Jesu, die sich ganz hingegeben hat, für uns durchbohren ließ. Am Donnerstag der zweiten Woche nach Pfingsten aber ist Fronleichnam, das Hochfest des Leibes und Blutes Christi, ein Fest, das in besonderer Weise sichtbar werden lässt, auch nach außen erfahrbar macht, was wir tagtäglich in der Gedächtnisfeier Jesu, in der Eucharistie begehen. Jesus, der für uns Gekreuzigte und Auferstandene, bleibt unter uns gegenwärtig, bleibt in seiner Gemeinde, die sich in seinem Namen versammelt, bleibt unter uns, wenn wir uns glaubend seinem Wort anvertrauen.

Als Zeichen dafür schenkt er sich selber mit seiner Hingabe unter den Gestalten von Brot und Wein. Da dürfen wir jubelnd bekennen: Unser Glaube hängt nicht an vergangenen Zeiten, er richtet sich auf die Gegenwart, auf die Gegenwärtigkeit des Herrn. Darum wird diese bleibende Gegenwart des Herrn im Sakrament auch außerhalb der Feier des Opfermahls verehrt. In der Prozession wird das heilige Sakrament durch die Straßen unserer Städte und Dörfer getragen, denn er ist Heil nicht nur im Privatbereich der Seele, er hat sich hingegeben für das Heil der Welt. Wir dürfen mit ihm gehen und ihn preisen. Wir machen an diesem Tag sichtbar, was die tägliche Aufgabe der Gemeinde der Glaubenden ist: den Herrn, seine Liebe aufzunehmen und hineinzutragen in alle Bereiche unserer Welt. Wir bekennen uns dazu, wir machen einander, wir machen andere Menschen darauf aufmerksam: Der Herr ist die Arznei in den Krankheiten einer sich verlierenden Welt, gegen alle Zerstörungen des Bösen. Er nährt und heilt.

O. L.

Fronleichnam – Prozession und Wallfahrten

Welche Heilungschancen eine Wallfahrt eröffnen kann

Wer liebt sie nicht, die prächtigen Prozessionen, die an diesem Tag durch Dörfer und Städte ziehen. Blütenblätter werden gestreut, Birken aufgestellt, Kränze, Girlanden und alte Trachten machen aus jedem Bittgang ein Fest für das Auge. Und dieser Anblick ist unwiderstehlich. Selbst in den Metropolen lässt sich kaum einer dieses fromme Schauspiel entgehen. Doch je populärer dieses Fest wurde, desto mehr geriet in Vergessenheit, was eigentlich an diesem Tag mit so viel Aufwand begangen wird. Zweierlei Legenden stehen dahinter, keine hat die andere verdrängen können.

Die eine berichtet, einem ungläubigen Mönch sei auf einer Pilgerreise nach Rom im Jahr 1263 etwas widerfahren, was ihn voll und ganz zum Glauben an Jesus Christus bekehrt habe. Als er in der mittelitalienischen Stadt Bolsena, am gleichnamigen See gelegen, während der Eucharistie das Brot brach, tropfte daraus Blut auf den Altartisch. Eine andere Legende beruft sich auf eine Vision, die eine Augustinernonne namens Juliana von Lüttich im Jahr 1209 gehabt haben soll: Sie sah beim Beten den Vollmond und darin eine verdunkelte Stelle. Sie behauptete, Christus habe ihr erklärt, dass der Mond ein Symbol für die heilige Hostie sei und der schwarze Fleck der Hostie darauf hinweise, dass noch ein Fest fehle, das dem Sakrament der Eucharistie gewidmet sei. Eigentlich müsste dieses Fest am Gründonnerstag stattfinden, dem Tag des

Abendmahls, doch für das fromme Empfinden passte in diese stille Zeit der Karwoche vor Ostern kein großes Fest.

Woran wir auch immer glauben sollen: Ich finde es berührend, dass sich hinter all dieser Pracht und Herrlichkeit ein ganz leises Entstehungsgeheimnis verbirgt. Und ich finde es spannend, dass Fronleichnam sich ganz früh bereits mit dem Gedanken der Wallfahrt, der Pilgerzüge und der Bittgänge verbunden hat. Dieses gläubige Wallen meint ja ein Ziehen durch die Zeit, dem ewigen Vater entgegen, es versinnbildlicht die Heimkehr der Kinder Gottes ins himmlische Jerusalem. Und fordert vor allem eines: himmlische Geduld. »Kein Weg ist zu lang für den, der langsam und ohne Eile vorwärts schreitet«, hat Jean de La Bruyère geschrieben, ein berühmter Moralist des Barock; »kein lockendes Ziel liegt zu fern für den, der sich mit Geduld rüstet.«

Doch Geduld ist in unserer Gesellschaft Mangelware geworden. Sie widerspricht dem heute üblichen Denken, Zeit sei Geld, Zeitverschwendung deshalb Geldverschwendung und sich Zeitlassen eigentlich eine Dummheit. Doch es ist kein Zufall, dass sich das Wort Patient von *patientia,* der Geduld herleitet. Wer das Ziel erreichen will, wieder ganz gesund zu werden, muss sich in Geduld üben. Jahrhundertelang hat diese Fähigkeit schließlich als besonders erstrebenswert gegolten. Tertullian (um 160 bis circa 222), einer der wichtigsten frühen Kirchenlehrer und einer der innovativsten Theologen vor Augustinus, verdanken wir eine Schrift mit dem Titel »*De patientia*« – »Über die Geduld«. In sechzehn Kapiteln erklärt er darin, warum Geduld eine unerlässliche Tugend jedes Christen sein muss. Seine wesentlichen Argumente:

Gott selbst ist geduldig,
Christus ist ein Vorbild an Geduld,
Geduld verhindert Rachsucht und erhält den Frieden,
Geduld befähigt, Schmerzen zu ertragen,
Geduld macht stark und gelassen.

An der Geduld hapert es jedoch bei vielen Patienten, wenn es ums Gesundwerden geht. Die ganz Ungeduldigen greifen dann zu den Blitzmethoden, zu starken Schmerzmitteln, Entzündungshemmern, Antibiotika und Cortison, die etwas Geduldigeren probieren es zuerst mit sanften Methoden, aber wenn sich nicht schnell genug ein Erfolg zeigt, dann zweifeln sie und verzweifeln oft. Das aber verringert die Heilungschancen, denn sie beginnen sich somit negativ zu beeinflussen. »Es geht mir von Tag zu Tag besser«, heißt die Standardformel der Selbstmeisterung durch bewusste Autosuggestion. Viele suggerieren sich das Gegenteil, weil sie nicht abwarten können, ihr Problem loszuwerden.

Eine Wallfahrt nötigt jeden, der daran teilnimmt, sich Zeit zu lassen. Da gibt es keine Überholspur. Und keiner bewundert den anderen, wenn er den Weg zu irgendeiner idyllischen St. Georgskirche am Berg, nach Altötting oder Santiago di Compostela in Rekordzeit zurückgelegt hat. Im Gegenteil: Eine Wallfahrt, eine Prozession, braucht den gelassenen, gleichmäßigen Schritt, damit keiner zurückbleibt und sich keiner über Gebühr erschöpft. Wallfahren kennt keinen Zeitdruck. Es geht nicht darum, wann die Wallfahrer ankommen, sondern dass sie ankommen.

Das genau ist die innere Einstellung, die auch ein Patient braucht. Und wer im Herzrhythmus mit anderen, hinter anderen und vor anderen seinem Wallfahrtsziel entgegenpilgert, übt sie. Überfällt ihn dann eine der üblichen, oft unvermeidlichen Beschwerden, dann greift er nicht sofort zur allopathischen Keule, sondern probiert es zuerst einmal mit Hausmitteln. Ein erfahrener naturheilkundlicher Arzt oder Heilpraktiker kann ihm die richtigen empfehlen.

- ☆ Bei leichtem Fieber helfen die bewährten kalten Wadenwickel, in Essigwasser getauchte Stoffstücke.
- ☆ Bei beginnenden Halsschmerzen ist es gut, mit Salbeitee zu gurgeln.
- ☆ Bei Magen-Darm-Infekten braucht der Körper viel Flüssigkeit und auch Salz. Es hilft zuverlässig, Fenchel-, Kamillen- oder Pfefferminztee zu trinken und trockenes Brot dazu zu essen. Für die Nachfuhr der verlorenen Elektrolyte sorgt eine kräftige hausgemachte Rinds- oder Hühnerbouillon.
- ☆ Bei Insektenstichen gekühlte Zwiebelscheiben auflegen.
- ☆ Bei Pilzerkrankungen der Haut ist Teebaumöl ein wahres Wundermittel.
- ☆ Bei starkem Fußschweiß sind regelmäßige Fußbäder ratsam, bei denen im Wasser Kaiser-Natron aufgelöst wurde.
- ☆ Bei Prellungen führen Umschläge mit Arnikatinktur zum Erfolg; es hilft auch, die betroffenen Partien mit Ringelblumensalbe (*Calendula*) einzureiben.
- ☆ Bei allen Erkältungskrankheiten ist Bettruhe das einfachste Mittel, den Anfängen zu wehren. Oft bringt schon ein Tag spürbare Erleichterung.

F. X. K.

Sommer

Johannisfeuer – Wendezeit

Die Sonne, das Licht des Tages, erhellend und wärmend, erscheint uns als Zeichen des Lebens. Ihr Aufgehen und Untergehen, ihr Kreislauf um die Erde, wie ihn die Alten wahrnahmen und wie wir ihn mit unseren Augen erleben, er bestimmt unser Leben. Ihr Höchststand zeigt den Sommer an. So feiern wir Sonnwende, weil wir uns über diesen längsten Tag, über den intensivsten Sonnenschein freuen. Wir wissen zwar: Nun wird Tag um Tag der Sonnenstand niedriger, werden die Tage kürzer werden und die Nächte länger bis zum Winter. Aber wir wissen auch: die Sonne wird wieder kommen mit ihrer Kraft und neu uns wärmen. Das Sonnwendfeuer manifestiert unser Mitleben mit der Natur, unsere Dankbarkeit für ihr Geschenk, unser Ja auch zum Wechsel, zum Rhythmus des Jahres, zu Aufstieg und Niedergang.

Die Sonnwende wird in katholischen Gegenden auch auf Johannes den Täufer bezogen, auf sein Fest am 24. Juni. So wird der Jahresrhythmus auf seine christliche Mitte hin gedeutet.

Johannes der Täufer ist ja solch ein Mann der Wende, der großen Wende in der Geschichte, der Wende vom Alten zum

Neuen Bund. Er ist der größte und letzte der Propheten, der in die Zukunft Weisenden. Er steht in der Zeit und geht voraus. Er zeigt auf den, der da kommen soll, er führt seine Jünger zu Jesus. So wird es sein Lebensgesetz: »Er (Christus) muss wachsen, ich muss abnehmen«. So wird das Sonnenzeichen der Wende, das Gesetz der zeitlichen Existenz, des Wachsens und Abnehmens ein Hinweis auf das, was Sinn und Ziel alles Werdens und Vergehens, alles Zeitenwechsels ist: auf das Ewige hinzudeuten, dem die Zeit entspringt und dem sie dient, auf das sie zuläuft, auf die wahre Sonne, auf Christus, das A und O aller Zeiten. Er hat sich auch der Vergänglichkeit unterworfen, um alles mit hinein zu nehmen in seine Auferstehung, in die Auferweckung zum Leben. O. L.

Der Johannistag am 24. Juni

Was uns das Geschenk des Heiligen innerlich und äußerlich beschert

Erstaunlich, dass wir dem heiligen Johannes so wenig Aufmerksamkeit widmen. Immerhin ist er neben Maria der einzige Heilige, bei dem sowohl der Geburtstag als auch der Todestag gefeiert wird. Und aus der Sicht des Heilkundigen gibt es besonders triftige Gründe, dem heiligen Johannes dankbar zu sein. Er beschenkt uns an jenem Tag, an dem wir seiner grausamen Enthauptung gedenken. Um diesen Zeitpunkt herum erblüht nämlich das Johanniskraut (*Hypericum perforatum*).

Die Griechen in der Antike schrieben ihm magische Kräfte zu und waren überzeugt, es könne Dämonen vertreiben. Das ist für uns aufgeklärte Geister zwar der reine Aberglauben, doch offen gestanden: Die Wirkung dieses Krauts ist wirklich wunderbar, und in gewisser Hinsicht stimmt es sogar, dass sich mit seiner Hilfe böse Geister verjagen lassen. Denn Angstzustände und Depressionen dürfen wir im übertragenen Sinn durchaus so bezeichnen. Und dagegen gilt Johanniskraut als das erfolgreichste Phytopharmakon durch seinen wesentlichen Wirkstoff Hyperforin. Es gehört auch zu den am besten erforschten Pflanzenheilmitteln. Die Ergebnisse erklären, wie die Inhaltsstoffe des so leuchtend gelb blühenden Krauts auf molekularer Ebene wirken. Und belegen, dass dieses nebenwirkungsarme bis -freie Heilmittel durch ganz ähnliche Mechanismen stimmungsaufhellend wirkt wie bekannte allopathische Antidepressiva. Hyperforin kann nämlich die neuronale Aufnahme der Neurotransmitter Noradrenalin, Serotonin und Dopamin hemmen. Es verändert die Konzentration der drei Neurotransmitter und ihrer Metabolite im Gehirn und führt zu adaptiven Veränderungen von Rezeptionsstrukturen. Nachgewiesen werden konnte von einer Frankfurter Forschergruppe um Professor Walter E. Müller außerdem, dass das Hyperforin im Johanniskraut die Gedächtnisleistung und Lernfähigkeit verbessert.

Darüber hinaus ist Johanniskraut auch äußerlich angewandt ein wahres Zaubermittel, die alten Griechen hatten also doch recht: Johanniskrautöl hilft bei Verbrennungen, Sonnenbrand und bei der Wundheilung. Umschläge mit Johanniskrauttinktur lindern die Schmerzen bei Hexenschuss, Ischias und Neuralgien. Mediziner an der Hautklinik der Universität Freiburg wollen nachgewiesen haben, dass sich mit Johanniskraut-Extrakt durch den Wirkstoff Hyperforin sogar bakterielle Infektionen bekämpfen lassen, speziell diejenigen, die durch Staphylokokken ausgelöst werden und in Krankenhäusern besonders gefürchtet sind. Die Forscher mischten Hyperforin einem bakteriellen Nährmedium bei, und mehrere Testreihen zeigten, dass auf den so behandelten Nährböden keine Staphylokokken mehr wuchsen; nicht einmal die, die gegen Penicillin resistent sind. Die Freiburger Experten sind überzeugt, dass der Johanniskraut-Extrakt beim Menschen eine ähnliche segensreiche Wirkung hat wie im Laborversuch.

Doch auch ohne jenen konzentrierten Auszug, dessen Verträglichkeit noch nicht ganz erkundet ist, können Sie sich mit sicher nebenwirkungsfreien traditionellen Johanniskraut-Präparaten, ob selbst hergestellt oder in der Apotheke erworben, davon überzeugen, welch großartige Gabe uns die Natur um die Sonnwende herum im Namen des heiligen Johannes macht. Wen erstaunt es da, dass Kenner das Johanniskraut als »Sonne für die Seele« rühmen?

- ☆ Bereiten Sie Ihr eigenes Johanniskrautöl zu. Dazu werden frische Blüten und Blätter des Johanniskrauts in ein gutes Basisöl wie Jojobaöl, Olivenöl oder Mandelöl eingelegt und etwa drei Wochen in die Sonne gestellt. Auf einen Liter Öl sollten 300 Gramm Blätter und Blüten verwendet werden. Allein mit den Blüten abgesetzt, wird das Johanniskrautöl nachher noch heilkräftiger. Gut verschlossen, kühl und dunkel aufbewahrt hält sich das Öl ein Jahr.
- ☆ Sammeln und trocknen Sie selber Johanniskraut oder kaufen Sie es in der Apotheke. Brühen Sie es als Tee auf und trinken Sie bei Niedergeschlagenheit davon eine Kanne pro Tag. Mit Honig gesüßt schmeckt der Tee sehr gut.
- ☆ Setzen Sie mit Alkohol eine Johanniskraut-Tinktur an oder kaufen Sie die fertig in der Apotheke. Sie sollte immer in Ihrem Arzneischrank vorrätig sein, denn selbst Hände, die von der Hausarbeit, der Gartenarbeit oder dem Heimwerken schrundig sind, werden damit rasch wieder glatt und schön.
- ☆ Als Tee oder als Öl eingenommen wirkt Johanniskraut auch sehr gut gegen Verdauungsbeschwerden. F. X. K.

Urlaubszeit

Nicht alle Tage und Stunden sind gleich, auch wenn der ökonomisch planende Verstand gerne alle in gleicher Weise nützen möchte. Wir wissen um die Zeiten, in denen wir besonders gut arbeiten und in denen wir gut schlafen können. Wir wissen um die Notwendigkeit des Rastens, der Erholung, der Pause.

Eine jüdische Legende erzählt, Gott habe den Kindern Israels versprochen: Wenn ihr die Thora annehmt und ihre Vorschriften befolgt, mache ich euch ein kostbares Geschenk. Auf die Frage, was dieses Geschenk ist, kam seine Antwort: die kommende Welt. Auf die Bitte zu sagen, wie die kommende Welt sein wird, erwiderte Gott: Ich habe euch schon den Sabbat gegeben. Er schmeckt wie die kommende Welt.

In die Ruhe Gottes zu kommen, Ruhe zu finden für unsere Seelen, ist eine Verheißung des Alten und Neuen Testaments (Jer 6,16; Mt 11,29). Der Sabbat erinnert die Israeliten an die Befreiung aus dem Frondienst in Ägypten, an die Entlastung vom Druck der Arbeit, an das Urmodell der Schöpfungsgeschichte, da am 7. Tag der Vollendung Gott ruhte und diesen Tag für heilig erklärte (Gen 2,3). So wird der Sabbat ein heiliges Zeichen für den Bund Gottes mit seinem Volk (Ex 31,17). Das gemeinsame Freiwerden am Sonntag sollte uns daran erinnern, dass all unsere Geschäftigkeit, unsere Hetze, unsere Sorgen nicht das letzte und tiefste unseres Lebens sind – wir dürfen innewerden: es gibt Ruhe, Geborgenheit in der Fülle des Ewigen. Der Mensch, der aus eigenem Antrieb oder von anderen gezwungen ohne Pause durcharbeitet, kann gewöhnlich nicht mehr, sondern weniger leisten. Er hat den ruhigen Überblick, die rechte Sammlung und auch die Freude an seinem Tun verloren. Die Gesellschaft, die den Sonntag, das Zeichen der Besinnung, der Einheit der gemeinsamen Ziele aufgibt, verliert ihren Zusammenhalt.

Auch Urlaubs- und Ferienzeiten dürfen wir als ein Geschenk betrachten, durch das wir wieder zu uns selber kommen, durch das wir neue Kraft schöpfen und neue Freude am Leben gewinnen können. Es geht darum, den rechten Rhythmus unseres Lebens zu finden, den rechten Ausgleich von Arbeit und Erholung, von Ernst und Spaß, von wacher konzentrierter Aufmerksamkeit und von Loslassen im Spiel und Schlaf. In den freien Zeiten sollen wir wieder aufatmen können. Und das ist ja der Grundrhythmus des Lebens: Einatmen und Ausatmen, Empfangen und Weitergeben. Wir finden uns selber, unsere Mitte, wenn wir unserem Atem nachspüren. So spüren wir den Zweierrhythmus in uns, den wir schon als Kind im Schoß der schreitenden Mutter in uns aufgenommen haben. Er geht über in den Dreierrhythmus, bei dem zwischen den beiden Schritten das Innehalten, Wendung und Drehung steht. Die Siebenzahl der Wochentage, die Zwölfzahl der Stunden von Tag und Nacht und der Jahresmonate helfen uns, das Leben zu gliedern, die Besonderheit von Morgen, Mittag und Abend und der Jahreszeiten zu erspüren und zu achten. Solchen Rhythmen nachzugehen hilft uns, gerade in den Urlaubstagen neu unser Leben als Ganzes anzunehmen.

O. L.

Mariae Himmelfahrt

Am Fest der Aufnahme Mariens in den Himmel feiern wir die Vollendung der Gottesmutter, der »schönsten aller Frauen«. Von 1990 bis 2002 ist in Deutschland die Zahl der Schönheitsoperationen von 109 000 auf 660 000 jährlich gestiegen. Schon junge Menschen nehmen die oft fragwürdige ärztliche Kunst in Anspruch, um ihre Figur den Idealmaßen oder ihr Gesicht dem eines Stars anzugleichen. Da wird auf jeden Fall deutlich, wie sehr der Mensch sich nach Schönheit sehnt, danach, dass sein Blick auf etwas fällt, das ihm gefällt, und darauf, dass andere an ihm Gefallen finden.

Und das ist nichts Schlechtes. Im Psalm 45, einem Lied zur Hochzeit des Königs, lesen wir: »Der König verlangt nach deiner Schönheit«. Dieser König wird selber vom Sänger als der »Schönste unter den Menschenkindern« gepriesen. Von ihm heißt es: »Dein Thron ist Gottes Thron für immer und ewig« und Gott hat »dich gesalbt mit Freudenöl«. Darum sieht die Kirche in diesem Psalm Christus, den Messiaskönig, dargestellt und in seiner Braut das Volk Gottes, die Kirche, aber auch jede Seele – vor allem aber Maria, die »Schönste aller Frauen«. Gerade am Fest ihrer Aufnahme in den Himmel steht sie vor uns wie im Psalm: »Herrlich geschmückt ist die Königstochter, golddurchwirkt ist ihr Gewand«.

Verfälscht das schöne Bild Marias die oft grausame, entsetzliche, hässliche Wirklichkeit der Menschen? Nein, wenn wir ihr irdisches Leben nicht beiseitelassen, dann ist dieses schöne Bild ein großes Hoffnungszeichen und gibt uns Hinweise, wie wir zur schönen Gestalt reifen: Wir alle werden wie

Maria von Gott persönlich gegrüßt. Es gibt kein allgemeines Schönheitsideal – jeder ist in seiner Eigenart, mit seinem Gesicht kostbar und liebenswert.

Die Schönheit kommt von innen: Im Inneren vernimmt Maria den Anruf der Gnade. Oft sehen wir ein stumpf gewordenes, ein betrübtes, ein zerfurchtes Gesicht. Es leuchtet auf, wenn es angesprochen wird, Wertschätzung spürt – da wird es lebendig und schön. Wir werden glücklich, wenn wir dem Anruf vertrauen – dass er Unsagbares enthält, das die Augenblicke überdauert. So wurde Maria von Elisabeth selig gepriesen, weil sie geglaubt hat, dass bei Gott kein Ding unmöglich ist, dass er schöne Vollendung gibt.

Es gilt, die Verheißung des Schönen, das Samenkorn Hoffnung im Herzen zu bewahren, auch wenn Dunkles und Widriges uns überfällt und versehrt – wie Maria auch in Bedrängnis, Nichtverstehen und Schmerz das Wort im Herzen bewahrt (Lk 2,51). Das Festhalten am Hoffnungswort lässt durchhalten und das Ganze des Lebens und der Geschichte von der schönen Gestalt der Vollendung her sehen. Dann kann man mit Maria danken und preisen. Im Danken und Preisen öffnen wir uns der Schönheit Gottes und seinem gütigen Schauen auf uns.

Dass die Schönheitsoperation Gottes gelingt, dass sein schöpferisches und befreiendes Wirken an uns, die Entfaltung dessen, was in uns angelegt ist und durch manche Mühsal und Vergänglichkeit zur Vollendung reift, gelingt, erschauen wir am Bild Mariens. O. L.

Das Fest Mariae Himmelfahrt am 15. August

Was wir über Heilpflanzen wissen sollten

Wer jemals an diesem Tag in Italien war, weiß, wie viel wichtiger jener Festtag dort von den Gläubigen genommen wird, auch wenn er ganz unchristlich *ferragosto* heißt, was sich von den *feriae Augusti* ableitet. Gefeiert wurde die Himmelfahrt Mariens am 15. August schon seit dem 5. Jahrhundert. Und fast ebenso alt ist der Brauch auch in unseren Regionen, dass die Frauen an diesem Tag frühmorgens Kräuter sammeln, die dann geweiht werden. Nach alter Überlieferung sollen Heilpflanzen, die zwischen dem Himmelfahrtstag der Muttergottes und ihrem Geburtstag am 8. September gepflückt werden, die meiste Kraft besitzen. Traditionell sollten 77 verschiedene Pflanzen zur Weihe getragen werden – doch das hat weniger sachliche, als magische Gründe, denn dieser Zahl wird eine besondere Macht zugesprochen.

Gehalten hat sich die Sitte nur noch in wenigen, meist ländlichen Pfarrgemeinden. Je nach Region werden Kombinationen von Wildkräutern und Wiesenblumen gepflückt. In den Kräutersträußen zu Mariae Himmelfahrt finden sich Beifuß, Schafgarbe und Feldklee, Rainfarn, Eberraute und Spitzwegerich, Wermut, Hundskamille und Baldrian, Ringelblume, Wegwarte und Bergthymian, Melisse, Jakobsleiter und Bertram, Beinwell, Mohn, Minze und Frauenmantel, Schwalbenwurz, Schildkraut und Teufelswurz.

Aus den Hausgärten kommen außer der Minze noch Rosmarin, Borretsch, Salbei, Ysop und Lavendel. Viele dieser Kräuter gehören zur sogenannten Hildegard-Medizin. Zu Sträußen gebunden oder in Körben arrangiert tragen die Frauen ihre gesammelten Werke bei der Prozession durch Dorf und Felder und legen sie anschießend in der Kirche vor dem Altar oder dem Bild der Muttergottes nieder, wo der Priester die Pflanzen segnet. Zu Hause wird der Kräuterstrauß beim Mittagessen auf die Mitte des Tisches gestellt. Viele schmücken damit auch den Herrgottswinkel. Doch das heißt nicht, dass die Kräuter nur dekorativen Zwecken dienen. Von jeher gaben die Frauen in ihrer Familie den Kranken Tee aus geweihten Kräutern zu trinken und wussten sehr genau, wogegen welches Kraut gewachsen ist. Noch vor fünfzig, sechzig Jahren war Kräuterkenntnis kein Spezialwissen. Heute kennen sich nur noch Botaniker, Köche und ein paar naturliebende Exoten darin aus. Früher aber war den meisten Menschen geläufig, wo und wann sie welche Kräuter sammeln, Beeren pflücken, Pilze suchen mussten.

Ich gestehe gerne ein, dass ich es auch aus Sicht des Heilkundigen nicht schade finde, dass heute keiner mehr in den Raunächten geweihte Kräuter unters Kopfkissen legt, damit die Wilde Jagd vorbeizieht. Doch ich bin erstaunt, wenn ich bedenke, wie viel kostbares Wissen in diesen Kräutersträußen steckte, und gleichzeitig bin ich traurig, wenn ich bedenke, dass all das nun verloren geht oder nur noch im wissenschaftlichen Reservat weiter existiert.

Deswegen ermuntere ich meine Patienten, gerade diejenigen, die auf dem Land leben oder zumindest einen Garten haben, sich nicht nur in die Kräuterheilkunde zu vertiefen, sondern sich auch der Kräuterküche zu widmen. Denn Wildkräuter und Gartenkräuter veredeln das einfachste Gericht. Ofenkartoffeln mit frischem Rosmarin sind einfach ein Genuss und Gurkengemüse wird durch das Gurkenkraut, den Borretsch, zur Delikatesse. Gebratene Pilze werden erst durch gehackte glatte Petersilie oder etwas Thymian zu einem runden Gericht und selbst eine Rindssuppe gewinnt, wenn sie mit frischem Schnittlauch angereichert wird. Nebenbei haben die ätherischen Öle der Kräuter und ihre geballte Vitaminkraft auch noch eine segensreiche Wirkung auf unseren Organismus. Vor allem aber: Sie steigen einem immer köstlich in die Nase. Es gibt kaum einen Duft, der stärker appetitanregend wirkt als der von Rosmarin aus dem Rohr. Es müssen aber frische Kräuter sein. Getrocknete Kräuter haben mit ihnen so viel gemeinsam wie Pulverkaffee mit einem frisch aufgebrühten.

- Ein Muss in jedem traditionellen Strauß zu Mariae Himmelfahrt war von jeher der Ackerfrauenmantel (*Aphanes arvensis*). Er wird in der Phytotherapie seit langem zur Milderung von Harnwegsleiden eingesetzt, generell gilt der Frauenmantel – daher der Name – als gutes Schmerzmittel gegen Frauenleiden wie prämenstruellen Beschwerden.
- Minze steckte ebenfalls schon immer in den Sträußen vom 15. August. Minzöl gehört zu den bekanntesten Essenzen in der Aromatherapie. Minzöl, gelöst in Wasser, Alkohol, Essig oder fettem Öl, wird äußerlich gerne für Einreibungen benutzt bei Muskelkater, Prellungen, Quetschungen, Gelenkschmerzen, Insektenstichen und für

MANOSQUE
MANOSQUE
Thym
MANOSQUE
MANOSQUE

medizinische Massagen. Aber Vorsicht vor jedem Zuviel. Minzöl reizt die Schleimhäute – nicht nur, wenn Sie es in die Nähe der Augen bringen, auch innerlich; Magen- und Darmschleimhäute reagieren sensibel darauf. Es gibt unterschiedliche Arten der Minze, die Pfefferminze (*Mentha piperita*), die Ackerminze (*Mentha arvensis*) und die Wasserminze (*Mentha aquatica*). In der Duftlampe wirkt sie, wie in Versuchsreihen nachgewiesen, umgehend gegen geistige Müdigkeit und fördert klares Denken und Konzentrationsfähigkeit. Innerlich angewendet wirkt sie schleimlösend, außerdem gegen Übelkeit, Leber- und Verdauungsbeschwerden.

- ☆ In jedes Gebinde an Mariae Himmelfahrt muss auch die Schafgarbe (*Achillea millefolium*) hinein. Sie gilt geradezu als ein Vielzweck-Medikament. Denn sie hilft bei Gastritis, ausbleibender Menstruation und Schwächezuständen, wirkt fiebersenkend, schweißtreibend und blutdrucksenkend. Sie stärkt bei Grippe die Abwehrkräfte. Außerdem ist sie äußerlich angewendet ein blutstillendes, entzündungshemmendes Heilmittel.

Lassen Sie sich vom Mariae-Himmelfahrtstag anregen, öfter und bewusster mit Kräutern zu kochen.

- ☆ Ein gesundes Essen mit Kräutern von wahrhaft biblischer Tradition ist Ur, ein grüner hausgemachter Butterkäse. Mit Butter wurden im Heiligen Land einst Steuern bezahlt. Ur ist ein uraltes, bereits von den Babyloniern überliefertes Gericht, für das gehackte Petersilien-, Koriander-, Rauke-

(Rucola-) und Pfefferminzblätter, fein gewiegter Dill, gehackte Frühlingszwiebeln (Zwiebellauch) und abgerebelter Thymian mit Butter, frischem Quark und Frischkäse vermischt werden. Nach Geschmack salzen und pfeffern; dazu einfaches dunkles Brot essen.

☆ Die klassische Frankfurter Grüne Sauce, die bereits Goethes Mutter so delikat zubereiten konnte, passt ausgezeichnet zu frischen Pellkartoffeln. In Gemüseläden und auf Märkten wird oft eine frische Kräutermischung angeboten, die sich für diese Sauce eignet.

☆ Gut und gesund ist auch eine Kerbelsuppe, für die Sie als Basis eine selbst gekochte Gemüsebouillon verwenden: Den gehackten Kerbel nur kurz mitgaren, damit er nicht lasch wird und die Farbe verliert; unter Umständen durchpassieren. Zum Schluss die Suppe mit etwas Crème fraîche verfeinern.

F. X. K.

Freude an der Schöpfung

Martin Gutl, der allzu früh verstorbene steirische Priesterdichter, lässt in einem Gedicht eine kleine Feldblume am Rande des Weges zum Menschen sagen: »Warum füllst du den Kopf mit Häusern, mit Schulen, mit Formeln und Fragen … was weißt du von den Zielen des Schöpfers? Kennst du die Baupläne des Himmels? Setz dich zu mir.« Und die Blume erzählt ihre Abenteuer mit Schmetterlingen, mit Ameisen, mit den Strahlen der Sonne und den Bedrohungen des Sturms. Vernehmen wir noch die Sprache des Lebendigen, den vielfältigen Chor der Natur? Können wir uns auf ein Gespräch mit Pflanzen und Tieren, mit Wolken, Wäldern und Bergen einlassen? Oder sieht unser Verstand in allem, was uns begegnet, nur Formeln und Kausalitäten, Zufallsdaten ohne Zusammenhang? Es bedarf des vertrauensvollen Horchens, der Aufnahmebereitschaft des Herzens, dass wir in allem einen Anruf erspüren können. Dann könnten wir vielleicht auch vernehmen, was Martin Gutl die Feldblume sagen lässt: »Ich blühe für Dich! … Dein Anblick macht mich so wertvoll«.

Darf ich wirklich annehmen, dass eine Blume, ein Vogelgesang, das Rauschen eines Baches, die Strahlen der Sonne mich persönlich meinen? Liegt ein verborgener Sinn in der Schöpfung, in den Milliarden Jahren von Weltentstehung und Evolution? Gibt es ein Ursprungswort, das alles umgreift, auch die kleine, so zufällige Begegnung mit mir? Der Glaube an den Schöpfer von allem verleugnet in keiner Weise die sinnliche Erfahrung der Dinge und ihre naturwissenschaftliche Erkenntnis – aber er kann in allem das Walten einer ewigen schöpferischen Weisheit erspüren, in seinem Innersten den Anruf einer ewigen Liebe vernehmen.

Die Feldblume fordert am Ende des Gedichts auf: »Schau her! Ich breite meine Geheimnisse aus. Sich sammeln und strahlen!« Bei der Betrachtung dieser einen Blume kann mir als mein Lebensprinzip und Lebensauftrag aufgehen: Mich sammeln: meine Mitte finden, das Viele in mir zur Einheit verbinden. Strahlen: Licht werden für die Welt, in Freude ja sagen und preisen. O. L.

Herbst

Kreuzerhöhung – heilige Orte

Das Fest Kreuzerhöhung im September stellt noch einmal das Zeichen des Kreuzes vor Augen, weil es durch das ganze Jahr hindurch das umfassende Siegeszeichen, das Zeichen des Heils und aller Heilung ist. Die Überlieferung lässt die Kaiserin Helena, durch deren Sohn Konstantin der christliche Glaube im Römischen Reich öffentliche Anerkennung fand, das Kreuz Christi auf Golgatha auffinden. Welches von mehreren Kreuzen das Kreuz Christi war, wurde dadurch offenbar, dass ein Kranker nur durch dieses Holz Gesundung erlangte. Fortan konnte man es erheben, verehren und Stücke davon in die ganze Welt geben, um so mit der einen Erlösungstat Christi verbunden zu sein.

Das Kreuz ist freilich ein wichtiges Zeichen fast aller Kulturen der Welt. Es weist die Richtung nach oben und unten und in die Breite, es ist ein Zeichen der Ganzheit von Mensch und Welt, der vier Himmelsrichtungen. So steht der Mensch fest auf der Erde und richtet sich auf zum Himmel. Breitet er seine Arme aus, bleibt er nicht in sich verschlossen, sondern öffnet sich nach allen Seiten. So freilich erfährt er auch seine Mitte, dass er sich nicht nach außen verliert, dass er nicht in den Boden gekrümmt bleibt oder ganz mit seinem Denken von der Realität abhebt. Diese Ganzheit ist im Körper und in der Seele des Menschen angelegt. Freilich ist die Einheit des Lebens, die Einheit der Welt zerbrochen. Wir erfahren die Gegensätze, das Auseinanderfallen, Entfremdung und Zerstreuung tagtäglich in unserer Gesellschaft. An dieser Zerbrochenheit kommen wir nicht vorbei, auch wenn wir uns danach sehnen, dass sie geheilt wird.

Die Heilung ist für den Glaubenden Christus am Kreuz, die Fülle des Ganzen, das Wort der ewigen Liebe, das sich hineingegeben hat in die Gebrechlichkeit der irdischen Existenz, die sich dem Nein, dem Hass, der tödlichen Gewalt ausgesetzt hat. Aber gerade im Zerbrochenwerden, im Loslassen alles Eigenen, aller Abgrenzung gegen andere, siegt das Ja der Liebe, wird alle Begrenzung und Gegensätzlichkeit gesprengt hinein in die Auferstehung, in die Erhebung des Gekreuzigten zur göttlichen Herrlichkeit. Darum ist die Betrachtung des Kreuzes nicht krankmachende Selbstquälerei, sondern ein Blick auf unsere Realität und die größere Wirklichkeit der göttlichen Liebe. Durch diese Liebe und dadurch, dass wir uns ihr öffnen, wird die ersehnte Ganzheit wieder möglich. Darum gesunden wir im Betrachten des Kreuzes und indem wir uns bekreuzigen, dieses Zeichen des Heils über uns schlagen. Durch den Gekreuzigten und Auferstandenen finde ich die Mitte in mir und mein Verwobensein ins Ganze. O. L.

Hildegard von Bingen

Am 17. September feiern wir das Fest der Heiligen, die heute mit ihren medizinischen Ratschlägen und Arzneien, die sie herzustellen und anzuwenden wusste, in vieler Munde ist. Aber es gilt von der ganzen faszinierenden Gestalt des 12. Jahrhunderts, was Papst Eugen III. ihr geschrieben hat: »Du bist für viele ein Duft des Lebens geworden«. Sie dichtete und komponierte, heilte Kranke, leitete Klöster, redete in öffentlichen Predigten dem Klerus, dem Adel, dem Volk mahnend ins Gewissen. Aber all ihre Werke entstammen einer inneren Schau. Schon als Kind sah sie ein großes Licht, das ihre Seele erbeben machte. In ihren Werken entfaltet sie die Schau einer großen Einheit, die Zusammenhänge zwischen Leib und Seele und den verschiedenen Bereichen und Kräften des Kosmos.

Das vornehmste und wirksamste Heilmittel ist für sie die Medizin der Reue. In Zerknirschung und Erschütterung gerät der Mensch als Ganzes in Bewegung, kommt zur Einsicht und Umkehr. Die Herzenshärte wird aufgebrochen, die mit großen schwarzen Augen ins Leere starrt. Der versteinerten Selbstsucht antwortet die Barmherzigkeit: »Die Kräuter schenken einander den Duft ihrer Blüten; ein Stein strahlt seinen Glanz auf den anderen, und alles, was lebt, hat einen Urtrieb nach liebender Umarmung … übervoll ist mein Herz, jedwedem Hilfe zu schenken. Ich nehme Rücksicht auf alle Not. Den Gebrechlichen helfe ich auf und führe sie zur Genesung. Salbe bin ich für jedes Weh und meine Worte tun wohl«. Gottes Barmherzigkeit durchwaltet das All und heilt unsere

Seele. So hat alles, was wir für unsere Gesundheit und für das Wohl anderer Menschen tun, unser Bebauen der Erde, unser Bereiten der Speisen und Getränke, unser Salben und Verbinden, unser Nachsinnen und Beten teil am guten Anfang der Schöpfung und an der Verheißung ihrer Vollendung. O. L.

Engel

Am 29. September feiert die Kirche das Fest der Erzengel Michael, Gabriel und Rafael, am 2. Oktober das der heiligen Schutzengel. Wir gedenken also der großen Engelsgestalten, durch die Gott in der Geschichte gewirkt und in die Welt hineingesprochen hat. Wir dürfen darauf vertrauen, dass Gott jedem gute Mächte, Boten seiner ganz persönlichen Liebe zur Seite stellt.

Der Glaube an Engelsmächte ist nicht nur in fast allen Religionen, sondern auch gerade in unserer heutigen Welt weit verbreitet, selbst da, wo der Glaube an das Geheimnis des einen persönlichen Gottes geschwunden ist. Er kommt wohl aus der Sehnsucht des Menschen nach einer Orientierung in aller Verwirrung, nach Heilung bei aller Verletzung, nach Erleuchtung in allen Finsternissen der Seele. Und es gibt die Erfahrung, dass wir vielfältig in unserem Inneren berührt werden, Beistand, Tröstung und Weisung erfahren, die nicht von außen kommt.

So sind auch in unseren heiligen Schriften auf sehr verschiedene Weisen Engel bezeugt, die freilich nicht selbständige Mächte, sondern Boten und Diener Gottes sind. Sie machen freilich deutlich, dass Gott kein einsamer Gott, kein anonymes Prinzip ist, dass er die Vielfalt liebt und umgeben ist von vielen Wesen, die von seiner Herrlichkeit ins Leben gerufen sind und ihm mit Dank und Lobpreis antworten. Sie nehmen Anteil an seinem Schaffen und Wirken, an seiner immer neuen Zuwendung zur Welt. Diese Zuwendung dürfen sie je in besonderer Weise artikulieren auf einen bestimmten

Menschen hin, in einer bestimmten geschichtlichen Stunde, für eine bestimmte Gesellschaft.

Eine sehr tüchtige und engagierte Frau gestand mir einmal: Vor einem schwierigen Gespräch rufe ich meinen Schutzengel und den Engel des anderen an, sie möchten das alles vorbesprechen, vorbereiten. Wenn ich das getan habe, ist auch das schwierigste Gespräch fast immer zu einem guten Ende gekommen. So dürfen wir darauf vertrauen, dass all unserem Reden und Tun schon immer ein Gespräch vorausgeht und dass unser Sprechen das Ziel hat, an dem jubelnden Lobpreis in Gottes Welt teilzunehmen.

O. L.

Erntedankfest

Das Erntedankfest hat nicht nur auf dem Dorf, sondern auch wieder in der Stadt seinen festen Platz im Kirchenjahr, gewöhnlich am 1. Sonntag im Oktober. Erntegaben, Getreide, Gemüse, Früchte und Blumen sind vor dem Altar aufgebaut, zeigen an, was die Erde hervorgebracht hat zu unserer Nahrung, zu unserem Nutzen, zu unserer Freude. Wir werden uns bewusst, dass das, was gewachsen und geerntet ist, nicht nur ein Produkt unserer Planung und Leistung ist. Wir meinen zwar oft, alles sei machbar, berechenbar, abrufbar, aber wir täuschen uns. Nicht nur die Erntegaben, alles, wovon wir leben, worin wir uns bewegen, was uns umgibt ist vorgegeben: Stoff der Erde, Energie der Welt, Kräfte, die wir erkennen, benutzen können, aber nicht selbst hervorbringen. Die Gaben am Altar machen deutlich, wie alle Opfergaben der Alten: Was wir zur Verfügung haben, kommt nicht allein aus unserem Vermögen und unserer Arbeit. Zudem: Wir haben es auch nicht nur für uns allein. Es ist uns gegeben, dass wir es weitergeben. Freilich kommt fast niemand auf den Gedanken, etwa bei jedem tausendsten Auto einer Serienproduktion dankbar innezuhalten und dieses Stück als Dankeszeichen einer sozialen Institution zu schenken.

Gut also, dass wir beim Erntedankfest daran denken, wie sehr wir Menschen Empfangende sind. Wir leben, da wir die Luft einatmen, wir leben, da wir ausatmen und weitergeben. Wenn wir uns isolieren, aus diesem Zusammenhang der ganzen Schöpfung loslösen, bloß für uns selber sein wollen, verfallen wir dem Tod. »Dankbarkeit ist die Wachsamkeit der

Seele gegen die Kräfte der Zerstörung«, sagt der französische Philosoph Gabriel Marcel. Wer nur auf eigene Leistung schaut und nur dem von anderen auf ihn ausgeübten Leistungsdruck folgt, gerät in ein gnadenloses System tödlicher Hetze.

Dankbarkeit ist freilich mehr als bloß die Reaktion auf empfangenes Gutes – so dass wir nach einem Sommer der Dürre oder von übergroßer Nässe kein Erntedankfest feiern bräuchten. Dankbarkeit lebt vielmehr aus der Erfahrung, dass unser ganzes Dasein ein Geschenk ist. Eine solche Grundhaltung der Dankbarkeit befähigt, die Geschenke des Guten in unserem Leben wahrzunehmen und auch das Missliche, also die Missernten anzunehmen. Darum können wir gar nicht genug kleine Pausen der Dankbarkeit in unserem Alltag einfügen, darum können wir nicht genug große Feste der Dankbarkeit feiern.

O. L.

Michaelstag am 29. September und Erntedankfest

Warum wir zu Recht für unser tägliches Brot danken

Was für ein Aufwand, stöhnen wir, wenn wir hören, wie unsere Vorfahren das Fest Erntedank begingen. Die Altäre in den Kirchen wurden liebevoll mit all dem geschmückt, was die Natur gespendet hatte, was Keller, Vorratskammer und Fass enthielten. Da wurden Getreidegarben geweiht und Kornsträuße gesegnet, da wurden Brotlaibe reich verziert und spezielles Gebäck vorbereitet.

Obwohl Getreide nach wie vor unser wichtigstes Lebensmittel ist – von jener tiefen Dankbarkeit dafür ist heute kaum mehr etwas zu spüren. Und selbst wenn unsere Lippen beten, »unser täglich Brot gib uns heute«, denken viele dabei eher an ein Steak. Immerhin: In Europa bleiben die Deutschen mit 85 Kilo pro Kopf im Jahr Rekordhalter im Brotessen. Gleichzeitig jedoch müssen die kleinen Familienbäckereien in der Nachbarschaft schließen – es soll nur noch um die 18 000 in ganz Deutschland geben. Sie werden von Großbäckern und Bäckerei-Ketten verdrängt. Was diese industriellen Großbäcker liefern, wird ausnahmslos aus Backmischungen hergestellt. Und in einem Großteil ihrer Waren ist das nicht mehr enthalten, was das tägliche Brot so kostbar macht: die Ballaststoffe. Darunter sind pflanzliche Stoffe zu verstehen, die ganz verschiedene Namen tragen: Pflanzen- oder Rohfasern, Füll- oder Quellstoffe. Sie alle können von den Verdauungsenzymen nicht oder nur unzureichend aufgespaltet werden und so können sie die Verdauungsorgane durchputzen. Die unterschiedlichen Ballaststoffe haben unterschiedliche Qualitäten. Ich empfehle meinen Patienten neben Gemüse und Obst als ballaststoffreiche Kost Vollkornprodukte, Hülsenfrüchte, Weizenkleie und Leinsamen zu essen.

Wie immens wichtig Ballaststoffe für die Gesundheit des Darms sind, hat sich mittlerweile herumgesprochen. Sie verhindern Stuhlverstopfung (*Obstipation*), regen die Darmtätigkeit (*Peristaltik*) an und beschleunigen so die Darmpassage, also den Transport durch den Darm, was zur Verhütung von Darmkrebs ungemein wichtig ist. Im Dickdarm bauen die Ballaststoffe außerdem Darmbakterien ab. Vollwertbrot liefert diese Darmreiniger auch in bester Form. Doch weder lappiger Toast mit Weichmachern, der wochenlang nicht verdirbt, Tütenbrot mit allzu vielen Zutaten noch sogenannte Teiglinge zum Fertigbacken leisten für die Verdauung das Allergeringste. Und dafür sollten wir uns auch gar nicht bedanken. Umso mehr dafür, was die Ballaststoffe im Vollkornbrot und Leinsamenbrot noch nebenher so alles leisten: Sie schützen nämlich auf ganz natürliche Weise Herz und Kreislauf, weil sie cholesterinsenkend wirken und den Blutzuckerspiegel stabilisieren. Und weil ballaststoffreiche Kost eine geringere Energiedichte besitzt als die ballaststoffarme, hat ein Teller davon weniger Kalorien. Beginnen Sie also am nächsten Erntedankfest, sich einen Bäcker zu suchen, der noch ohne jede Art Backmischung arbeitet, der des Vollkorns würdig ist und so gut damit umgeht, wie es diese gesunde Gottesgabe verdient.

- Steigen Sie beim Frühstück von Semmeln mit Marmelade oder Nutella um auf Vollkornbrot mit Honig – eine Köstlichkeit.
- Führen Sie selbst den Test durch. Essen Sie nacheinander eine Scheibe Weißbrot und eine Scheibe Vollkornbrot. Sie werden feststellen, wie viel weniger Kauaufwand das Weißbrot erfordert. Das ist sicher mit einer der Gründe, warum viele dieses weitgehend wertlose Brot vorziehen. Doch diese Kaufaulheit macht dick und krank.
- Probieren Sie aus, zu wie vielen Gerichten, die üblicherweise mit hellem Brot serviert werden, Vollkornbrot passt. In Dänemark zum Beispiel wird von alters her sogar zu Meeresfrüchten wie Krabben ein dunkles Brot gegessen – und es schmeckt delikat. Und gute Käsesorten entwickeln in Begleitung von Vollkornbrot ganz andere Aromen.
- Gönnen Sie sich den preiswerten Luxus, bei verschiedenen einheimischen Bäckern die jeweilige Vollkornspezialität zu verkosten. Sie werden staunen, wie viel die sich einfallen lassen und wie stolz sie meistens gerade darauf sind.
- Erziehen Sie Ihre Kinder von Anfang an dazu, Vollkornbrot vorzuziehen. Denn wenn sie sich erst einmal an das lasche weiche Backwerk gewöhnt haben, sind sie nur mühsam wieder davon abzubringen.
- Kochen Sie möglichst Vollkornnudeln, wenn Sie Darmprobleme haben. Die haben einen nussigen, kräftigen Geschmack und harmonieren mit tomatigem Sugo ausgezeichnet.

F. X. K.

Spätherbst – Ende des Kirchenjahres

Kirchweih

Es ist guter Brauch, der Weihe einer Kirche, also sozusagen ihres Geburtstags, zu gedenken. Wo man sich nicht des Weihetags erinnert oder das Datum nicht für einen Festtag taugt, feiert man Kirchweih am 3. Sonntag im Oktober. Dieses allgemeine Kirchweihfest setzt noch einmal einen bunten Akzent, bevor die Tage grau und kalt werden. Da wird sich eine Gemeinde bewusst, dass sie einen räumlichen Mittelpunkt hat, an dem sie sich versammelt und der Gegenwart Gottes innewird. Es ist ein Ort der Erinnerung oft vieler Generationen durch Jahrhunderte hindurch, Erinnerungen an viele Begegnungen mit Gott.

Bet-El, Haus Gottes, ruft der Patriarch Jakob aus, als er im Traum die Himmelsleiter gesehen hat, auf der Engel auf und nieder steigen und Himmel und Erde verbinden. Und er salbt den Stein, auf dem sein Kopf gelegen ist, damit er später diese Erfahrung lebendig halten kann: Hier ist Haus Gottes und Pforte des Himmels. So erbaut Salomo in Jerusalem den Tempel, der die Bundes-lade aufnimmt, das Zeichen, dass Gott mit seinem Volke ist.

Wenn ein Raum geweiht wird, heißt das nicht, dass nun Orte, Bauten, Steine heilig sind, sondern dass wir Menschen einen Raum umgrenzen, der uns bergen und sammeln soll für die Begegnung mit Gott, damit wir von ihm geheiligt werden. In Jesus ist ja der wahre Tempel da, die Gegenwart Gottes in einem Menschen. Durch ihn sollen wir alle Tempel des heiligen Gottesgeistes werden. Am Kirchweihtag erfüllt uns die Freude über einen solchen Raum, der uns hilft, Gemeinschaft mit Gott und miteinander zu erfahren. Die Gottesdienstzeit und der Gottesdienstraum bedeuten keine Absonderung vom übrigen Leben, von der übrigen Welt. Sie sind vielmehr Verdichtungen, Zeichen dessen, was unser ganzes Leben, was die ganze Erde werden soll: Verherrlichung Gottes und Gottes heiliges Haus.

Darum darf die Festesfreude von Kirchweih sich über den Kirchenraum hinaus ausdehnen auf Festzelt und Festmahl, auf Musik und Tanz. Weil Gott in unserer Mitte ist, kann alles fröhlich und schön werden – freilich nur, wenn wir ihn dabei nicht vergessen.

O. L.

Kirchweihfeste von August bis Oktober

Wie Kirmes, Kirta oder Kerb uns rundum aufbauen können

Wenn Sie bei dem Wort »Kirchweih« leicht angewidert abwinken, kann ich das verstehen. Längst ist das, was unter diesem Namen veranstaltet wird, vielerorts zum Rummel verkommen. Es gibt nur noch einen »Wirtschaftsfaktor Volksfest«, wie es das Bundeswirtschaftsministerium nennen würde. Was also, werden die meisten fragen, soll an diesen Festen der Gesundheit zuträglich sein. Es geht bestenfalls um die finanzielle Gesundheit der Wirte, Schausteller und Fahrgestellbetreiber.

Früher war die Kirta, Kirmes oder Kerb die Feier zur Erinnerung an die Weihe der Pfarrkirche im Dorf oder in der Heimatstadt. Sie wurde am Gedenktag des Kirchenpatrons gefeiert, an seinem vermutlichen Todestag, der immer verstanden wurde als ein Geburtstag zum neuen Leben. So gesehen muss es verwundern, dass fast alle großen und kleinen Kirchweihfeste im Sommer oder Frühherbst stattfinden. Und jeder vermutet, dass nicht alle Märtyrer in der gleichen Jahreszeit hingerichtet worden sein können. Der Grund für diese so meteorologisch wie vom Rhythmus des Kirchenjahrs her günstig gelegenen Termine ist praktischer Natur. Sie mussten in einer Gutwetterzeit stattfinden und keinesfalls in der Adventszeit und der Fastenzeit vor Ostern, weil sie mit einem Markttag und oft auch einem Volksfest verbunden werden sollten, also mit ausgiebigem Essen und Trinken. Fiel nun ungünstigerweise der Gedenktag des Kirchenpatrons in die kalte Jahreszeit, feierte man Kirchweih eben am Tag des zweiten Kirchenpatrons, dem irgendein Seitenaltar in der Kirche gewidmet war.

Offenbar war allen Gemeindemitgliedern viel daran gelegen, Kirchweih zu feiern, nicht nur denen, die damit Geld verdienten. Und das hatte gute Gründe. Instinktsicher spürten die Menschen, dass sie zum Glücklichsein soziale Nähe brauchen. Und vor der adventlichen Stille und Zurückgezogenheit wollten sie sich damit noch einmal richtiggehend aufladen. Wie klug das ist, können nun wissenschaftliche Studien belegen wie die aus Roseto in Pennsylvania.

Die Einwohner dieser italoamerikanischen Stadt waren Forschern aufgefallen, weil sie sensationell gesund waren. Deutlich gesünder als die Bewohner der Nachbarstädte Bangor und Nazareth, obwohl die Risikofaktoren und die medizinische Versorgung in allen drei Städten vergleichbar waren. Es musste die Experten also erstaunen, dass in Roseto deutlich weniger Menschen an Herzinfarkt starben. Auf ihren Recherchen stellten sie fest, dass alle Einwohner gleichzeitig aus Italien eingewandert waren und dort das aus Italien vertraute Modell der Großfamilie mit drei Generationen unter einem Dach genau so fortgesetzt hatten wie die intensive Pflege der weiter reichenden familiären Bindungen. Wie daheim in Italien blieben sie auch in Pennsylvania miteinander eng vernetzt. Weiterhin nahmen Tradition und Religion bei den Bürgern von Roseto einen hohen Stellenwert ein. Über fünfzig Jahre lang wurden die Bewohner genau beobachtet. Und in dieser Zeit mussten die Forscher leider registrieren, dass nach

SKATER
USA

einigen Jahrzehnten das Herzinfarktrisiko in der Musterstadt auf das Niveau der benachbarten Städte anstieg. Parallel dazu waren in Roseto die Großfamilien aufgesplittert worden, der Zusammenhalt in der Gemeinschaft galt nicht mehr viel und das soziale Engagement hatte rapide abgenommen. Auch Tradition und Religion wurden nicht mehr wichtig genommen. Es wurden eklatant weniger gemeinsame Feste und Zeremonien begangen. 1992 schließlich zog die Studie den logischen Schluss aus den jahrzehntelangen Beobachtungen: Starkes Zusammengehörigkeitsgefühl und intensiv gepflegte Gemeinschaft stabilisieren die Gesundheit. Wird beides vernachlässigt, erhöht sich das Risiko zu erkranken drastisch. Wie unverzichtbar soziale Bindungen für unser Wohlergehen sind, belegt mittlerweile auch das Buch von Dean Ornish über »Die revolutionäre Therapie: Heilen mit Liebe«. Darin sind weitere acht großangelegte Studien aufgeführt, in die zig Tausende Menschen in den USA, Europa und Japan einbezogen waren. Und übereinstimmend wurde festgestellt: Sozial isolierte Menschen hatten verglichen mit denen, die über ein ausgeprägtes Gemeinschaftsgefühl und stabile familiäre und soziale Bande verfügten, ein zwei- bis fünfmal so hohes Risiko, schwer zu erkranken und vorzeitig zu sterben.

Alle, die alleine leben, ohne es zu wollen, müssen deswegen aber keineswegs gefährdeter sein. Nicht nur Partnerschaft oder Familie sorgen für die gesund erhaltenden Faktoren, auch die Mitgliedschaft in einem Verein ist hilfreich, einem Stammtisch, einem Club, einem kulturellen Kreis, der sich zum Jour fixe trifft oder irgendeinem anderen Interessenzirkel. Ob Sie kegeln, Fußball oder Tennis spielen, im elitären Lions- oder

Rotary-Club, im Schrebergärtnerverein oder im Freundeskreis irgendeines Musikensembles Ihre Freizeit verbringen, ist dabei unwichtig.

Vor allem aber sollten Sie Traditionen wieder aufleben lassen, die das Gemeinschaftserlebnis ganz selbstverständlich bescheren. Wenn bei Ihnen keine Kirchweih gefeiert wird oder nur das rummelplatzähnliche Modell, wo es jedem allein in seiner Achterbahngondel schlecht wird, dann laden Sie nach Hause ein zu so klassischen Kirchweihgerichten wie einer Nudelsuppe mit frischgekochter Rindsbrühe und einem großen Zwetschgendatschi. Das lässt sich sogar in einem Einzimmerapartment servieren. Es geht hier nicht um den kulinarischen Aufwand, nur darum, einander nah zu sein und Gemeinschaft zu genießen. Das stärkt die Abwehrkräfte für die kalte Zeit, die bald kommt. F. X. K.

Allerheiligen

Das Fest Allerheiligen am 1. November stellt vor Augen, woran uns der einzelne Kalendertag stückweise erinnert, dass wir an bestimmte Menschen denken, die vor uns lebten, deren Namen wir vielleicht tragen und von denen wir annehmen dürfen, dass ihr Leben gelungen ist. Danach sehnt sich ja jeder Mensch, dass aus seinem Leben etwas wird, dass etwas Gutes daraus wird, dass es sich rentiert. An den Heiligen aber wird deutlich, worauf es ankommt. Wir meinen, dass ein Leben gelingt, wenn es gute Voraussetzungen hat, materiellen Wohlstand, Gesundheit, glänzende Begabungen, Förderung durch die Umwelt, vor allem aber auch Einsatz und Leistung. Und daraus folgen Anerkennung und Erfolg. Und weil wir merken, dass es uns an diesem und jenem davon fehlt, sind wir so leicht unglücklich oder auch auf andere neidisch.

Die Heiligen zeigen uns, dass es auf etwas anderes ankommt. Denn da sind Menschen darunter, die arm geboren wurden oder arm starben. Da sind Menschen darunter, die die meiste Zeit krank, ans Bett gefesselt waren. Da sind Menschen, die keinen Erfolg hatten, sondern verlacht und verspottet wurden. Da sind Menschen, die schlechte Noten in der Schule hatten, Menschen, die auf Abwege gerieten, Menschen, die gefoltert und getötet wurden. Aber ihr Leben ist gelungen, weil Gott es geheiligt hat, weil Gott an ihnen wirksam war und weil sie ihn, weil sie seine Gnade wirken ließen. Manche ließen sich schon als Kinder von dieser Gnade berühren. Manche haben irgendwann einmal später in ihrem Leben ganz zu Gott ja gesagt und zu seiner Liebe. Sie haben sich dieser Liebe überlassen, ja gesagt auch zu Krankheit und Scheitern, ja zu dem, was sie als den Willen Gottes erkannten. Das hat sie oft zu großem Einsatz, zu bewundernswerten Werken, zu treuer Tapferkeit geführt. Aber sie selber sahen als den entscheidenden Wert des Lebens, dass Gott sie geliebt hat.

Darum hat die Kirche immer wieder solche Zeugen der Wirksamkeit des Gottes Geistes bekannt gemacht. Sie hat uns versichert, dass wir an ihnen das Wirken Gottes verehren dürfen, dass wir sicher sind, dass ihr Leben ganz gelungen ist und dass sie uns nicht ferne, sondern in Gott nahe und hilfreich sind. An Allerheiligen aber lässt uns die Kirche über die uns bekannten Namen und Daten hinaus schreiten, versichert uns der großen, unendlich großen Zahl der in Gott Vollendeten, versichert uns, dass diese große Gemeinschaft eine Gemeinschaft der Liebe ist. Der Liebe zu dem Einen, der sie alle vollendet, der Liebe zueinander, weil in jedem die Liebe Gottes auf ganz einmalige Weise aufstrahlt. Der Liebe auch zu uns, hier auf der Erde. Diese ihre liebende Zuwendung, ihr Eintreten bei Gott für uns dürfen wir zuversichtlich in Anspruch nehmen. In diese Zahl der Heiligen dürfen wir auch Menschen einschreiben, die uns persönlich etwas von Gottes Güte nahe brachten, in persönlichen Begegnungen, aber auch weil wir von ihnen hörten oder lasen. So dürfen wir den Kalender der Heiligen auch selber immer weiterschreiben, auch nicht zuletzt in der Hoffnung, dass wir selber einmal dazugehören.

O. L.

Allerheiligen am 1. November

Worin die gesundheitsfördernde Wirkung des gemeinsamen Betens besteht

Meditieren ist zurzeit angesagt. Ich will das unbedingt lernen«, höre ich oft von Patienten. »Das soll ausgezeichnet helfen, den Stress abzubauen und außerdem stimmungsaufhellend wirken.«

»Und wie wäre es mit Beten?«, frage ich dann. Ich frage es umso lieber, als ich im Sommer 2005 eine Studie gelesen haben, die belegt, wie gesund das Beten ist. Der amerikanische Mediziner Mitchell Krucoff von der Duke-University im US-Staat North Carolina hat in langen Testreihen nachweisen können, dass Beten zu hohen Blutdruck und Cholesterinwerte senkt und langfristig gegen Depressionen hilft. Auch die Immunabwehr werde dadurch gestärkt. »Beten«, sagt Krucoff, »ist die älteste Therapie der Menschheit. Wir atmen ruhiger und bauen Stress ab.« Nachdem diese Studie in Deutschland publik wurde, stand in der Presse zu lesen, daraufhin müssten doch auch hierzulande Psychologen und Neurologen, Herzspezialisten, Krebs- und Immunforscher neue Therapieformen erdenken, die jene Ergebnisse berücksichtigen.

Warum eigentlich, frage ich mich. Wer von Kind an gelernt hat, zu beten, braucht da keinerlei Kurse zu besuchen. Vielleicht sorgt die neue Erkenntnis aber dafür, dass die als trist geltenden Festtage im November, Allerheiligen und Allerseelen, positiver gesehen werden. Denn wie sehr es uns vor dieser Feier der Verstorbenen graust, beweist der überhandnehmende Gruselspuk in der Nacht davor: Halloween – worin sich das Wort *hallow* für heilig verbirgt – hat sich zu einem zweiten Karneval ausgewachsen. Es gilt als ein typisch amerikanischer Brauch, stammt jedoch ursprünglich aus Irland. Dort sollte das gemeinsame Ausschnitzen und -schneiden von Kürbissen, das Verkleiden, die lärmenden Feste und Umzüge mit den Kürbislampen die Angst vor dem 1. November bannen, an dem die Geister der Toten lebendig werden.

Allerheiligen als Feier zum Gedenken an die christlichen Märtyrer gibt es seit dem 4. Jahrhundert. Im Jahr 998 fügte Odilo, Abt des berühmten burgundischen Klosters Cluny, noch den Allerseelentag am 2. November hinzu. Nun waren alle versammelt, die prominenten Heiligen, die man um Hilfe anflehen konnte, und die Seelen aus dem Freundes- und Familienkreis. Und es wurde auch immer in großer Runde gebetet, was gar nichts Unheimliches, eher etwas Tröstliches hat.

Für mich haben das auch die in Bayern üblichen Gräberumgänge an Allerheiligen und Allerseelen. Da schreitet der Priester im Kreis der Ministranten segnend durch die Reihen der Gräber, an denen die jeweiligen Familien stehen. Oft sehen sich die Familienangehörigen nur einmal im Jahr am Grab wieder, weil es sie aus beruflichen oder privaten Beweggründen weit weg von dem alten Heimatort getrieben hat. Der Gräberumgang ist ein Ritual, das zum Leben gehört und das nach dem oft kühlen Friedhofsbesuch häufig in einer warmen Wirtsstube endet.

Dass der Tod allgegenwärtig ist, Teil jedes Tages, war ein Gedanke, der den Menschen früher selbstverständlich war, nicht nur den abgeklärten Weisen. Viele trugen als Amulett

einen kleinen Totenkopf mit sich, geschnitzt aus Bein oder Elfenbein, oft auch aus Gold oder Silber, in zahlreichen Studierstuben prangte ein Schädel auf dem Schreibtisch als ein *momento mori*, eine Erinnerung an die Endlichkeit. An zahlreichen romanischen und gotischen Kirchenportalen stand in Stein gehauen die Frau Welt, von vorn eine sinnliche Schönheit, von hinten ein vom Gewürm zerfressener Leichnam. Auf den meisten vermeintlich so lebensprallen Stillleben des Barock gab es einen Hinweis, dass in der Fülle bereits das Absterben steckt: Irgendwo ist dort immer ein Wurm zu sehen, der sich in den glatten Apfel gefressen hat, oder ein Insekt, das für die Zersetzung der frisch geernteten Früchte sorgt.

Jahrhundertelang wurde der Tod nicht ausgegrenzt. Kleine Kinder standen am Sterbebett der Großeltern und erlebten die Sterbestunde mit. Wir aber haben den Tod tabuisiert, verdrängen die Zeichen des Älterwerdens durch künstliche Verjüngungsmaßnahmen und wollen am liebsten gar nichts davon wissen, dass wir eben nicht »*forever young*« sein können. Selbst in den Krankenhäusern werden die Sterbenden abgeschoben in irgendein Kabuff. Hauptsache, die übrigen Kranken werden nicht von diesem Anblick behelligt. Doch all diese Maßnahmen verringern die Angst vor dem Tod nicht, sie vergrößern sie nur.

Wenn ich wieder einmal mitbekomme, wie einer meiner Patienten umgeworfen wird, völlig das Gleichgewicht und die Fassung verliert, weil einer aus dem engsten Familien- oder Freundeskreis im Sterben liegt, selbst wenn das ein alter, lebensmüder Mensch sein sollte, dann bemerke ich, wie unheilvoll diese Verdrängung ist.

Nehmen Sie doch Allerheiligen und Allerseelen als Anregung dafür, sich täglich mit dem Gedanken an den Tod zu befassen. Und spüren Sie, wie ganz allmählich die Furcht davor schwindet, weil Sie sich mit Ihrem Ende vertraut machen. Das beschert Ihnen eine Gelassenheit und Heiterkeit, die anders nicht zu gewinnen ist. Sie müssen ja nicht unbedingt einen Totenkopf neben dem PC aufstellen, vielleicht genügt ein Satz von Papst Johannes XXIII., den er am 27. Oktober 1948 an seine Familie schrieb: »Oft an den Tod zu denken ist auch eine Art, sich des Lebens zu freuen.« F. X. K.

Allerseelen

Der heilige Odilo von Cluny hat 998 für alle seine Klöster für den 2. November das Gedächtnis für alle Verstorbenen angeordnet. Unser fürbittendes Gebet soll denen, die aus dem irdischen Dasein abberufen wurden, ein Geleit geben auf ihrem Weg in die Fülle des Lebens. Dieses Gedenken von Allerseelen hat sich in unseren Breiten schon auf den Tag davor, auf Allerheiligen geschoben, da an diesem Feiertag die Gräber auf den Friedhöfen geschmückt und besucht werden.

Das Gedenken der Verstorbenen findet sich in vielen Religionen und Kulturen. Es ist gut, den Tod nicht zu verdrängen und diejenigen, die vor uns lebten, nicht zu vergessen. Wir sind ja geprägt von unserer Familiengeschichte durch Generationen hindurch. Gerade in unserer Zeit haben wir neu erfahren, dass junge Menschen – ohne es zu wissen – von manchem belastet sind aus der Geschichte ihrer Großeltern. Zumeist ist es nicht sinnvoll und möglich, alle Vergangenheit restlos aufzuklären, aber es ist gut, alles Dunkle in das reinigende läuternde Licht der Liebe Gottes hineinzugeben. Darum dürfen wir in jeder Eucharistiefeier, in der Feier der Hingabe Jesu für alle, der Verstorbenen gedenken. Darum ist es durchaus sinnvoll, an den Jahrtagen die verstorbenen Familienmitglieder und Freunde der Barmherzigkeit Gottes anzuempfehlen.

Alle Friedhofskultur, alle Erinnerungszeichen an die, die vor uns gelebt haben, der Besuch und Schmuck ihrer Gräber hat eine heilende, tröstende und stärkende Wirkung. Was uns geprägt hat, die gemeinsame Vergangenheit mit anderen Menschen soll nicht vergessen, abgelöst, ausgelöscht sein. Denn diese Vergangenheit bleibt für uns wichtig. Was wir Gutes von anderen empfangen haben, bleibt gültig. Was wir an Verletzungen und Zerstörungen bewirkt und erlitten haben, soll seine zerstörende Kraft verlieren und gewandelt werden in Versöhnung. Totengedenken bedeutet freilich nicht ein Hängenbleiben an der Vergangenheit, sondern führt für den Christen in die Gegenwart und Zukunft. Er glaubt an die Verbundenheit mit denen, die uns vorausgegangen sind, aber in der Liebe Gottes unseren irdischen Weg begleiten. Totengedenken bedeutet: hoffende Erwartung einer neuen und endgültigen Gemeinschaft. Heilung heißt Ganzwerden. Zu diesem Ganzen gehört unsere Vergangenheit, gehören unsere Verstorbenen.

O. L.

St. Martin am 11. November

Wie die Martinsgans nicht dick, sondern glücklich macht

Es gibt Traditionen im alten Kirchenjahr, die haben wir »zum Fressen gern«: »Ich liebe es, aber allein schon beim Gedanken daran nehme ich drei Kilo zu«, hat mir eine Patientin gesagt, die seit Jahren mit Mann und Freunden regelmäßig am Martinstag zum Ganserlessen geht. Kaum einer will, so lange er sich's leisten kann, auf diese schöne und wohlschmeckende Tradition verzichten, auch wenn es keine plausible Erklärung gibt, wie es überhaupt zu ihr kam. Der Legende nach hatte sich der Missionar Martin, ein ehemaliger Militär, weltabgewandt auf eine kleine Insel vor der Küste Genuas zurückgezogen. Dann gründete er sein Kloster in Ligugé, blieb aber ein Außenseiter und weigerte sich standhaft, sich zum Bischof von Tours wählen zu lassen. Um das zu verhindern, versteckte er sich in einem Gänsestall, doch die Tiere verrieten ihn durch ihr Geschnatter. Dem Bischof zu unterstellen, er habe zur Revanche die verräterischen Vögel geschlachtet und gebraten, hieße wohl, seinen bekannt mildtätigen Charakter verkennen, zumal er als Schutzpatron der Gänse gilt. Es hat also wohl andere Gründe, dass es zu diesem Brauch kam.

Um Sankt Martin endete traditionell die Zeit der Feldarbeit. Und so wurde der 11. November zum Zahltag für die Sommerarbeitskräfte. Wer die nicht nur ausbeuten, sondern für das nächste Jahr gewinnen und ihnen seinen Dank bezeigen wollte, verband die Auszahlung mit einem Festessen. Und das typische Herbstessen war der Gänsebraten.

Fragt sich natürlich, was daran gesund machen soll. Ich finde, die heilsame Wirkung eines gemeinsamen Ganserlessens beginnt damit, dass wir einmal nachdenken über uns. Unser Fleischkonsum ist erschreckend hoch. Der durchschnittliche Deutsche isst in seinem Leben 22 Schweine, 7 Rinder, 20 Schafe, 600 Hühner, diverse Enten, Gänse, Rehe und Hirsche kommen noch dazu. Was uns noch haltloser macht ist die Tatsache, dass Schweinefleisch im Supermarkt mittlerweile billiger ist als Katzenfutter.

Der Sinn für den Wert des Nahrungsmittels, des reinen, unverfälschten Produkts, ist uns weitgehend verloren gegangen. In Bioläden wird sie mühsam wieder geweckt. Früher aber war sie so selbstverständlich wie die Freude am Teilen. Da saßen zwölf bis zwanzig Leute um den Tisch, wenn es eine Gans gab, und jeder war hinterdrein zufrieden, gab es dazu doch Knödel und Blaukraut oder ein Kartoffelgericht.

»Das Einzige, was die Armut beseitigen kann, ist das miteinander Teilen«, hat Mutter Teresa gesagt. Doch wir spenden lieber in kleinen Happen von oben herab. Den Wohlstand miteinander zu teilen, fällt den meisten schwer.

Genau das zu üben, ist der Sinn des Martinsfestes. Denn berühmt wurde Martin dafür, dass er seine *capua*, seinen Mantel, mit einem Bedürftigen teilte. Und zwar zur Hälfte. Es sollte uns nachdenklich machen, wann das geschah. Als Rekrut wurde Martin, ein Offizierssohn aus Pannonien, in Nordgallien stationiert, also irgendwo zwischen Amiens und Worms. Dort soll sich jene Episode abgespielt haben, die auch der kennt, der sonst nichts weiß über das Leben des heiligen Martin. Das Erstaunliche: Martin war damals fünfzehn Jahre alt. Drei Jahre später ließ er sich taufen. Doch den christlichen Auftrag hatte er längst verstanden. Wer versteht, dass Nächstenliebe das einzige ist, was sich verzinst, dass sich vermehrt, was ich herschenke, kann frohen Herzens den Martinstag feiern.

Das Kirchenjahr ist aus meinem Blickwinkel betrachtet ein geradezu geniales Trainingsprogramm für die seelische und körperliche Gesundheit. Denn das, was sich in den Praxen nun »recall-system« nennt – zu Deutsch: Patienten werden daran erinnert, dass eine Kontrolluntersuchung oder ein genereller Check-up nötig sei – funktioniert im Kirchenjahr ganz von alleine. Und unser oberster Gesundheitsminister thront Welten über all den anderen. F. X. K.

Christkönig

Der letzte Sonntag des Kirchenjahres ist dem Königtum Christi geweiht. Das Fest Christkönig wurde zwar erst 1925 in das liturgische Jahr aufgenommen, aber das Bild Christi, der über dem Altar in der Apsis der altchristlichen Basiliken thront, ist eines der ältesten. Der Blick geht auf den wahren Herrscher aller Zeiten und auf den Herrn, der einst als Richter wieder kommt. So hat es Jesus, der Gefesselte und Geschmähte vor Pilatus, dem irdischen Richter, bekannt: »Ja, ich bin ein König«. Das ist die eine Gewissheit, die uns durch alle Zeiten begleitet und stärkt: Inmitten der vielen uns bedrängenden und bedrückenden Herrschaftsansprüche in unserer Welt ist verborgen der eine, immer geltende Anspruch der Wahrheit und der Liebe. Christus ist der, der von der Wahrheit Zeugnis gibt und dessen Liebe sich am Kreuz als siegreich erweist. Und er ist der, auf den die Geschichte zuläuft, der in seiner Herrlichkeit kommen wird: »Alle Völker werden vor ihm zusammengerufen werden« (Mt 25, 32).

Das Wort vom Letzten Gericht und noch mehr manche bildliche Darstellung davon haben Schrecken und Angst eingejagt. Aber richten bedeutet hier: aufrichten aus dem Elend der Welt, aus dem Unbefriedigenden ihrer Geschichte, aus all ihren Greueln und ihrem Unrecht. Die Geschichte der Menschheit soll nicht enden mit all den Qualen der Kleinen und Unschuldigen, mit allen Siegen der Korruption und Gewalttätigkeit. Vor dem Blick dieses Richters, vor dem geheimen Maßstab des Menschensohnes (»was ihr dem Geringsten getan habt, habt ihr mir getan«) wird alles zurechtgerückt.

Dieses Zurechtrücken und Aufrichten erwarte ich auch für meine Geschichte als eine Befreiung. Was ich im Hier als Halbheit, Versäumnis, Versagen mit mir herumtrage, was ich selber als mir versagt bitter registriere, als unbegreifliches Missgeschick beklage – all das wird seine Aufklärung und seine Versöhnung erfahren. Was da offenbar wird, ans Tageslicht des Ewigen rückt, wird sicher schmerzlich sein, aber eben ein Schmerz, der läutert und heilt. In diesem Licht wird mein Leben und die ganze Geschichte anschaubar, enthüllt, freilich nicht grausam enthüllt wie in der Skandalpresse, sondern so, dass durch die Liebe und Barmherzigkeit dieses richtenden Blickes auch mein Versagen ein Lobpreis der größeren Liebe Gottes wird.

O. L.

Stichwortverzeichnis

Alle Fotos innen stammen von Hans-Günther Kaufmann, Miesbach

Bibliografische Information: Deutsche Nationalbibliothek
Die Deutsche Nationalbibliothek verzeichnet diese Publikation in der Deutschen Nationalbibliografie; detaillierte bibliografische Daten sind im Internet über http://dnb.d-nb.de abrufbar.

Lektorat: Michael Schönberger
Layout, Satz und Herstellung: Hartmut Czauderna
Umschlaggestaltung: ZERO Werbeagentur, München
Umschlagfoto: Corbis
Reproduktion: Repro Ludwig, Zell am See
Druck und Bindung: GGP Media GmbH, Pößneck
Printed in Germany

ISBN 978-3-629-02153-3

Besuchen Sie uns im Internet:
www.droemer-knaur.de
www.pattloch.de

2 4 5 3 1